MANUEL PRATIQUE

ET JURIDIQUE

2959

DES EXPROPRIÉS

POUR CAUSE D'UTILITÉ PUBLIQUE

SUIVI DE DEUX TABLEAUX DONNANT

LA VALEUR DU MÈTRE DE TERRAIN DANS PARIS

ET FAISANT CONNAÎTRE

LES PRINCIPALES INDEMNITÉS

accordées aux Négociants et Commerçants expropriés

PAR

VICTOR EMION

AVOUÉ A LA COUR IMPÉRIALE DE PARIS

Prix : 1 fr.

PARIS

LIBRAIRIE SCIENTIFIQUE, INDUSTRIELLE ET AGRICOLE

Eugène LACROIX, Éditeur

DE LA SOCIÉTÉ DES INGÉNIEURS CIVILS

15, QUAI MALAQUAIS, 15

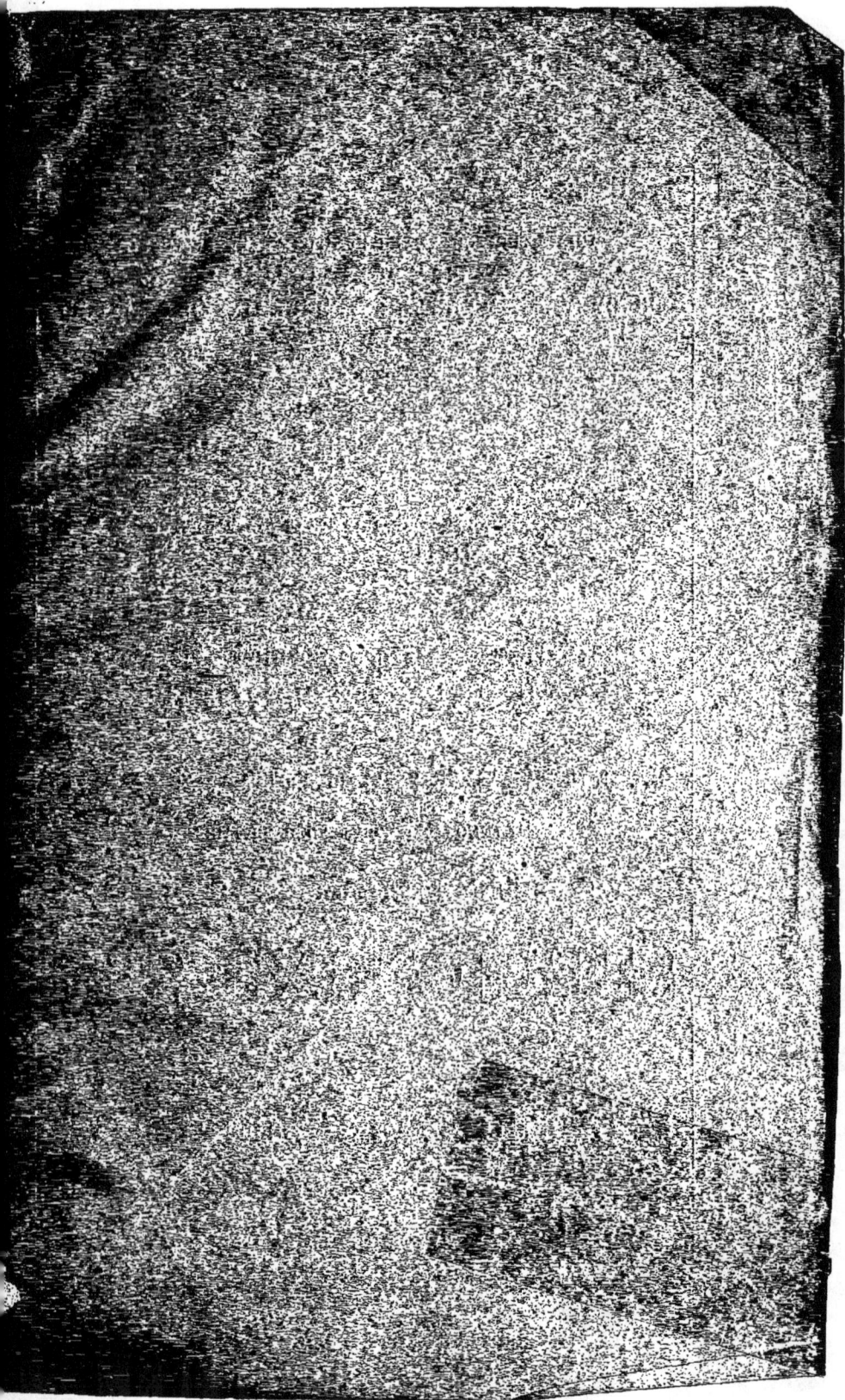

MANUEL PRATIQUE

ET JURIDIQUE

DES EXPROPRIÉS

POUR CAUSE D'UTILITÉ PUBLIQUE

OUVRAGES DU MÊME AUTEUR :

Législation, Jurisprudence et Usages du Commerce des Céréales. 1 vol in-8.

Des Délits et des Peines en matière de Fraudes commerciales (*denrées alimentaires et boissons*). 1 vol. in-18.

Manuel pratique ou Traité de l'exploitation des chemins de fer.

PREMIÈRE PARTIE. — *Voyageurs et Bagages*. 1 vol. in-16. Prix : 2 fr. 50 c.

DEUXIÈME PARTIE. — *Marchandises*. 1 fort vol. in-16. Prix : 3 fr. 50 c.

Paris. — Imp. P.-A. Bourdier et Cie, rue des Poitevins, 6.

BIBLIOTHÈQUE DES PROFESSIONS INDUSTRIELLES ET AGRICOLES
Série I. Nº 12.

MANUEL PRATIQUE

ET JURIDIQUE

DES EXPROPRIÉS

POUR CAUSE D'UTILITÉ PUBLIQUE

SUIVI DE DEUX TABLEAUX DONNANT

LE CHIFFRE DE LA VALEUR DU MÈTRE DE TERRAIN DANS PARIS

ET FAISANT CONNAITRE

LES PRINCIPALES INDEMNITÉS

Accordées aux Industriels, Négociants et Commerçants expropriés

PAR

VICTOR ÉMION

AVOCAT A LA COUR IMPÉRIALE DE PARIS

PARIS

LIBRAIRIE SCIENTIFIQUE, INDUSTRIELLE ET AGRICOLE

Eugène LACROIX, Éditeur

LIBRAIRE DE LA SOCIÉTÉ DES INGÉNIEURS CIVILS

15, QUAI MALAQUAIS, 15

1866

AVIS DE L'ÉDITEUR

Le livre que nous publions aujourd'hui est destiné, nous en sommes convaincu, à rendre un véritable service à tous les particuliers frappés par l'expropriation pour cause d'utilité publique.

En effet, le *Manuel des Expropriés* est le résumé simple et concis des règles pratiques que ceux-ci ont intérêt à connaître pour se diriger dans la défense de leurs droits.

L'expropriation pour cause d'utilité publique devient si fréquente, surtout à Paris, que chacun de nous peut craindre de se voir un jour frappé par elle ; mais si la loi sur l'expropriation est devenue d'une application presque constante, elle n'en est pas moins restée une des moins connues du public.

Toute personne menacée par l'expropriation s'effraye outre mesure des soins qu'elle devra donner à son affaire, des formalités qu'elle devra remplir, des frais qu'elle devra débourser.

Or le seul besoin de l'exproprié est d'avoir un conseil honnête et compétent qui puisse : l'éclairer sur l'indemnité à laquelle il aura légitimement droit ; le diriger, soit dans une transaction avec l'expropriant si elle est possible, soit dans la discussion devant le jury ; éviter, dans l'intérêt des expropriés eux-mêmes, des réclamations exagérées, et soutenir avec d'autant plus d'autorité les demandes raisonnables.

Le livre de M. Émion sera un guide sûr et consciencieux pour l'exproprié. L'auteur du *Manuel* ne pouvait pas aborder l'examen de la position particulière de chacune des personnes appelées à subir un jour ou l'autre l'expropriation ; mais il pose les principes généraux, il énumère avec le plus grand soin les éléments divers qui doivent composer l'indemnité à réclamer devant le jury, et les conseils donnés par lui sont d'autant plus précieux que sa connaissance pratique des affaires lui a permis de ne pas rester dans le domaine de la théorie.

Nous devons dire que l'utilité du *Manuel des Expropriés* a déjà été appréciée par un homme très-compétent, M. Olivier Jeantet. Celui-ci, après avoir lu le livre de M. Émion, a bien voulu nous adresser la lettre que nous reproduisons ci-dessous.

Nous serons heureux si, comme le pense M. Jean-

tet, l'ouvrage que nous publions est appelé à rendre
un service véritable à la société tout entière.

EUGÈNE LACROIX.

La lettre que nous avons reçue de M. Jeantet est
ainsi conçue :

« Monsieur,

« Vous m'annoncez que voulant faire précéder l'ouvrage de M. Émion d'un avant-propos, vous désirez
avoir mon appréciation sur l'opportunité et l'utilité de
ce livre.

« Ma modeste opinion est que M. Émion a réussi à
faire un travail éminemment utile en signalant à tous
les intéressés la marche qu'ils doivent suivre en matière d'expropriation.

« Tout le monde est censé connaître la loi ; mais peu
de personnes la connaissent, surtout à Paris, où chacun
sent le besoin d'appliquer les ressources de son intelligence et de son activité au travail qui le fait vivre. La
loi sur l'expropriation étant d'une application nouvelle
et limitée à quelques grands centres de population, est
une des plus ignorées ; aussi la voit-on chaque jour mal
appréciée par les parties intéressées.

« Dans les diverses transformations qu'a subies la

législation spéciale, apparaît la constante préoccupation du législateur de concilier les intérêts des particuliers avec les besoins de la société, et d'adoucir autant que possible les rigueurs de la loi pour celui auquel elle demande un sacrifice parfois bien pénible. Il s'est particulièrement appliqué à laisser aux expropriants les soins et les frais des formalités à remplir.

« En effet, ces formalités, qui sont minutieuses pour l'expropriant, sont, pour l'exproprié, d'une simplicité telle que ce dernier peut percevoir l'indemnité qui lui est due sans avoir besoin de recourir à aucun officier ministériel.

« Malheureusement, à Paris, il arrive fréquemment que ces sages précautions tournent au détriment de celui qu'elles avaient pour but de ménager.

« La plupart des expropriés envisageant l'expropriation comme un procès ordinaire, compliqué de questions délicates et surchargé de formalités et de frais, souscrivent des traités à forfait. En vertu de ces traités, une personne se charge de suivre la procédure et d'en supporter les frais moyennant une remise sur la différence entre l'offre faite par l'expropriant et l'indemnité allouée par le jury.

« A première vue, ces conventions se présentent comme étant faites pour le plus grand avantage de l'exproprié, puisqu'en échange d'un travail et de soins dont il s'exagère l'importance, on ne lui demande qu'une simple remise sur la partie de l'indemnité qui sera obtenue par ce travail et ces soins.

« Je suis persuadé qu'après avoir parcouru attentivement l'ouvrage de M. Émion, tout homme possédant une dose ordinaire d'intelligence saura tout ce qu'il a besoin de connaitre pour faire valoir ses droits, dont l'étendue est renfermée dans ce principe : que l'expropriant doit indemniser l'exproprié de tout le préjudice qu'il lui cause. Il saura surtout qu'avant de se présenter devant le jury, il n'a que peu ou point de formalités à remplir et pas de frais à débourser ; qu'il peut défendre lui-même ses intérêts ; enfin que les offres faites officiellement par l'expropriant ne sont que l'accomplissement d'une formalité prescrite par la loi, puisque, en prévision d'une demande qui peut être exagérée, l'expropriant est en quelque sorte obligé de ne faire qu'une offre minime, ne représentant ni l'indemnité équitablement due, ni celle qu'il accorderait s'il traitait à l'amiable. D'où il sera facile de conclure que les traités souscrits habituellement ne sont avantageux que pour ceux qui contractent avec l'exproprié.

« Il est vrai que ces traités ne constituent qu'un simple mandat toujours révocable, mais les expropriés l'ignorent ou ne regrettent de les avoir souscrits que lorsqu'il est trop tard.

« Cette manière de procéder, qui a pris sa source dans les dispositions de la loi les plus bienveillantes pour les expropriés, a d'autres inconvénients encore plus graves. Elle est souvent un obstacle aux transactions amiables, qui sont les meilleures entre gens dont les uns ne demandent à recevoir que ce qui leur revient équitablement et les autres à donner ce qu'ils doivent consciencieusement; elle contribue à entretenir une espèce d'irritation parmi les expropriés, qui sont rarement satisfaits des décisions du jury, et font remonter plus haut que de raison la responsabilité de ce qu'ils considèrent comme une injustice, parce que, dans le but de captiver leur confiance, on a exalté leurs prétentions en leur promettant des indemnités exagérées.

« Il en résulte aussi parfois des erreurs réelles, qui contribuent à faire de l'expropriation une espèce de jeu sur lequel on spécule ou une loterie dans laquelle chacun espère gagner le gros lot.

« Si mon espoir se réalise, si le *Manuel* que vous publiez contribue à éclairer les parties intéressées sur les dispositions d'une loi dont l'application devient de plus en plus générale, vous aurez, ainsi que M. Émion, rendu un immense service aux expropriés et aux administrateurs, par conséquent à la société tout entière.

« Agréez, etc.

« OLIVIER JEANTET.

« A l'appui des observations qui précèdent, je joins à ma lettre un tableau analytique des principales formalités à remplir en matière d'expropriation pour cause d'utilité publique. Ce tableau prouve d'une manière certaine que les formalités à remplir par les expropriés sont nulles ou presque nulles. »

TABLEAU ANALYTIQUE DES PRINCIPALES FORMALITÉS A REMPLIR		
PAR L'EXPROPRIANT	**PAR LES EXPROPRIÉS**	
	Propriétaires.	Locataires.
Décret impér. ordonnant des travaux publics. Arrêté du préfet désignant les localités sur lesquelles les travaux doivent avoir lieu. Confection par les ingénieurs du plan parcellaire des propriétés nécessaires. Dépôt de ce plan pendant huit jours à la mairie de la situation des propriétés. Consignation sur un registre spécial, par le maire, des observations faites par les intéressés. A l'expiration de ce délai, réunion à la préfecture ou à la s.-préfecture, d'une commission nommée par le préfet ou le s.-préfet, et présidée par lui, composée de quatre membres du conseil d'arrond. ou du conseil génér. et du maire de la commune sur laquelle sont situées les propriétés. Réception pendant huit jours des observations des propriétaires par la commission. Envoi dans les dix jours du procès-verbal et des pièces au préfet.	Observations à la mairie et devant la commission.	
Arrêté de cessibilité motivé du préfet indiquant les propriétés qui doivent être cédées. Transmission par le préfet au procureur impérial du décret, loi ou ordonnance et de l'arrêt de cessibilité. Dans les trois jours, sur la production des pièces constatant l'accomplissement des formalités, réquisition par le procureur impérial et prononciation par le tribunal du jugement prononçant l'expropriation des propriétés indiquées dans l'arrêté du préfet. Le même jugement nomme un juge directeur du jury.	Requérir le jugement dans l'année de la date de l'arrêté.	
Publication du jugement et notification aux intéressés. Transcription du jugement au bureau des hypothèques.	Dans les trois jours recours en cassation. Dans la huitaine faire connaître les fermiers ou locat.	Dans la huitaine se faire connaître à l'administration. (Facultatif.)
Notification des offres. Dans la quinzaine, déclaration d'acceptation, ou, en cas de refus, des prétentions. Citation devant le jury dans les six mois du jugement d'expropriation. Réunion du jury et fixation de l'indemnité. Payement de l'indemnité avant la prise de possession, avec intérêt à dater de l'expiration des six mois de la décision du jury.	Présenter soi-même ou faire présenter ses observations sommairement avec des documents succincts.	

MANUEL PRATIQUE

ET JURIDIQUE

DES EXPROPRIÉS

POUR CAUSE D'UTILITÉ PUBLIQUE

PRÉLIMINAIRES

Le droit d'expropriation pour cause d'utilité publique paraît avoir existé dans tous les temps et dans tous les pays. La Bible contient un texte qui prouve que ce droit était en usage chez les Hébreux [1].

Avant la révolution de 1789, plusieurs ordonnances de nos rois usèrent du principe de l'expropriation pour permettre l'exécution de certains travaux d'utilité publique.

---

1. David ayant supplié Dieu de faire cesser une peste qui ravageait son peuple, l'ange du Seigneur commanda au prophète Gad de dire à David de dresser un autel au Seigneur dans l'aire d'Ornan le Jébuséen. *David obéit et demanda à Ornan de lui céder, moyennant un juste prix, une partie de son aire.* (*Paralip.*, lib. 1, cap. xxi, v. 22.)

Les lois de la révolution maintinrent ce principe, tout en le restreignant au cas de *nécessité* publique.

Lors de la rédaction du Code Napoléon, en 1804, le législateur édicta l'art. 545, qui forme aujourd'hui la base de la législation spéciale.

Cet article est ainsi conçu :

« Nul ne peut être contraint de céder sa propriété, si ce n'est pour cause d'utilité publique et moyennant une juste et préalable indemnité. »

PREMIÈRE PÉRIODE

AVANT L'ARRÊTÉ DE CESSIBILITÉ DU PRÉFET.

TRAVAUX POUR LESQUELS PEUT AVOIR LIEU L'EXPROPRIATION POUR CAUSE D'UTILITÉ PUBLIQUE.

L'expropriation pour cause d'utilité publique est aujourd'hui mise en usage pour des travaux de toute nature ; mais les formalités à observer sont différentes, suivant les travaux qu'il s'agit d'entreprendre.

La loi du 3 mai 1841, qui forme le code de la matière, s'applique :

A tous les grands travaux publics : routes impériales et départementales, canaux, chemins de fer, canalisation de rivières, bassins et docks, ponts, etc., entrepris par l'État, les départements, les communes, ou par compagnies particulières.

Elle s'applique notamment à tous les travaux d'embellissement qui transforment aujourd'hui la ville de Paris et les autres cités les plus considérables du territoire.

D'un autre côté, un décret de 1852[1] accorde à l'administration, en cas d'expropriation pour l'élargissement, le redressement ou la formation des rues des villes qui s'y trouvent dénommées, le droit de :

Comprendre dans le projet la totalité des immeubles atteints, lorsqu'elle jugera que les parties restantes ne sont pas d'une étendue ou d'une forme qui permette d'y élever des constructions salubres ;

D'y comprendre également des immeubles en dehors des alignements, lorsque leur acquisition est nécessaire pour la suppression d'anciennes voies publiques jugées inutiles.

Ces dispositions s'appliquent aux villes dont les noms suivent : Paris, Ajaccio, Amiens, Argentan, Armentières, Autun, Ay, Bar-sur-Aube, Bassée,

---

1. Décret du 26 mars 1852. — Voir également : nombreux décrets rendant le premier applicable à soixante-dix villes de France ; décret du 27 décembre 1858 complétant celui de 1852.

Bastia, Bayonne, Blois, Bordeaux, Boulay, Boulogne (Seine), Bourgouin, Brives, Caen, Cambrai, Châlon, Châteaulin, Cognac, Commercy, Compiègne, Douai, Fère (la), Fère-en-Tardénois, Gap, Grenoble, Laon, Lille, Lodève, Lyon, Mâcon, Mans (le), Mazères, Mer, Metz, Montpellier, Mulhouse, Nantes, Poissy, Pont-de-Vaux, Quimperlé, Rennes, Romorantin, Roubaix, Rouen, Saint-Amand, Saint-Germain-en-Laye, Saint-Omer, Saint-Quentin, Sainte-Menehould, Salernes, Sèvres, Sezanne, Soissons, Sotteville-lès-Rouen, Strasbourg, Thouars, Tonnerre, Toulon, Toulouse, Tournus, Valognes, Vannes, Vertus, Vervins, Vierzon et Vire.

Ces dispositions nouvelles, insérées non pas dans une loi, mais dans un simple décret, et par conséquent moins généralement connues du public, ont cependant une grande importance.

D'une part, elles peuvent servir à la salubrité des villes en évitant que des habitations ne soient construites sur des terrains trop peu considérables ; d'autre part, elles pourraient avoir pour effet de permettre aux administrations municipales de faire, dans l'intérêt de la ville, des spéculations fort avantageuses sur les terrains expropriés. Le plus souvent, ces administrations créent de nouvelles rues au lieu d'élargir des rues anciennes ; de cette manière, elles exproprient fréquemment des terrains de fonds, et, lorsqu'elles peuvent, en vertu du décret de 1852, comprendre dans l'expropriation des terrains situés en dehors de l'alignement de la voie nouvelle, elles constituent la ville propriétaire d'un terrain formant façade sur cette voie, c'est-à-dire ayant de suite acquis une plus-value considérable.

Seulement, un décret postérieur a permis aux parties intéressées de s'opposer à ce mode de procéder, et a tracé la règle à suivre, en ce cas, pour faire juger ces oppositions. (Voir page 7.)

AUTORISATION DES TRAVAUX.

La première formalité qui se présente en matière d'expropriation pour cause d'utilité publique, est l'autorisation des travaux.

Cette autorisation est donnée par une loi, après enquête administrative, pour :

Tous grands travaux publics : routes impériales, canaux, chemins de fer, canalisation de rivières, bassins et docks entrepris par l'État, les départements, les communes ou par compagnies particulières, avec ou sans péage, avec ou sans subside du Trésor, avec ou sans aliénation du domaine public.

Elle est donnée par décret, après enquête administrative, pour :

Les routes départementales, les canaux et les chemins de fer d'embranchement de moins de 20,000 mètres de longueur, les ponts et tous autres travaux de moindre importance [1].

La loi ou le décret portant autorisation des travaux peut désigner les localités ou territoires sur lesquels les travaux doivent avoir lieu; à défaut de cette désignation, il y est procédé par arrêté du préfet [2].

PLAN DES INGÉNIEURS. — DÉPOT A LA MAIRIE.

Ces formalités préliminaires observées, les ingénieurs ou autres gens de l'art chargés de l'exécution des travaux lèvent, pour la partie qui s'étend sur chaque commune, le plan parcellaire des terrains ou des édifices dont la cession leur paraît nécessaire [3].

Le plan desdites propriétés particulières, comprenant le plan des terrains ainsi que celui des constructions, et indiquant les noms de chaque propriétaire

1. Loi de 1841, art. 3.
2. Loi de 1841, art. 2, 2°.
3. Loi de 1841, art. 4.

tels qu'ils sont inscrits sur la matrice des rôles, est déposé à la mairie[1].

Lorsque l'Administration prétend user du décret de 1852 pour comprendre dans l'expropriation des immeubles situés en dehors des alignements, l'indication de ces parties doit être faite sur le plan[2].

Avis de ce dépôt est donné collectivement à toutes les parties intéressées, et publié à son de trompe ou de caisse dans la commune, et affiché tant à la principale porte de l'église du lieu, qu'à la maison commune; il est de plus publié dans un journal soit de l'arrondissement, soit du département[3]; pour Paris, il est publié par le *Moniteur universel*.

Cet avertissement doit faire mention du projet de l'Administration, lorsque celle-ci invoque l'exécution du décret de 1852[4].

Un procès-verbal est alors ouvert, et les parties intéressées sont, pendant huit jours à partir de l'avertissement dont nous venons de parler, admises à y faire consigner leurs observations[5].

Lorsqu'il s'agit de propriétés comprises dans l'expropriation en vertu du décret de 1852, les proprié-

1. Loi de 1841, art. 4.
2. Décret du 27 décembre 1858, art. 1er.
3. Loi de 1841, art. 6.
4. Décret du 27 décembre 1858, art. 1er.
5. Loi de 1841, art. 5, 6, 7.

taires doivent déclarer sur le procès-verbal d'enquête
s'ils s'opposent à l'expropriation, et, dans ce cas,
faire connaître leurs motifs.

Dans ce cas, l'expropriation de ces parcelles ne
peut être autorisée que par un décret rendu en
Conseil d'État.

Mais cette formalité ne s'applique qu'aux propriétés situées en dehors des alignements. Pour les
autres, la procédure administrative de l'expropriation continue[1].

L'enquête terminée, une commission administrative se réunit, et reçoit pendant huit jours les observations des propriétaires[2].

Si la commission propose quelque changement au
tracé indiqué par les ingénieurs, un nouvel avertissement est donné de la même manière que le premier,
mais cette fois par le sous-préfet, aux propriétaires
que ces changements peuvent intéresser. Pendant
huit jours à dater de cet avertissement, le procès-
verbal et les pièces restent déposés à la sous-préfecture, où les parties intéressées peuvent en prendre
communication sans déplacement et sans frais, et
fournir leurs observations écrites[3].

1. Décret de 1858, art. 2.
2. Loi de 1841, art. 9.
3. Loi de 1841, art. 10.

Dans ce cas, il est indispensable, avant que la procédure se suive, que l'administration supérieure ait statué sur les changements proposés ; elle est donc saisie de la question, et peut, suivant les circonstances, ou statuer définitivement, ou ordonner qu'il soit de nouveau procédé à tout ou partie des formalités que nous avons énumérées [1].

DEUXIÈME PÉRIODE

DEPUIS L'ARRÊTÉ DE CESSIBILITÉ DU PRÉFET JUSQU'AU JUGEMENT D'EXPROPRIATION.

ARRÊTÉ DE CESSIBILITÉ.

Lorsque les plans primitifs ou nouveaux sont approuvés définitivement, le préfet prend un arrêté motivé, par lequel il détermine les propriétés qui doivent être cédées, et indique l'époque à laquelle il sera nécessaire d'en prendre possession [2].

Cet arrêté ne constitue encore, pour les proprié-

1. Loi de 1841, art. 11.
2. Loi de 1841, art. 2 (3°) et art. 11.

1.

taires et locataires des immeubles désignés, qu'une menace d'expropriation, car rien n'est définitif tant que le jugement dont nous parlerons plus tard n'est pas rendu.

Il n'empêche donc les propriétaires ni de faire des baux nouveaux, ni de renouveler les anciens ; beaucoup de personnes se figurent que l'arrêté de cessibilité du préfet enlève au propriétaire la faculté de faire des locations, et que celles consenties par lui à partir de cette époque pourraient être valablement critiquées, devant le jury, par l'expropriant ; c'est là une erreur capitale, contre laquelle nous ne saurions prémunir avec trop de soin les parties intéressées, puisqu'elle les empêche souvent d'user d'un droit parfaitement légitime. Mais cet arrêté constitue une menace de nature à inquiéter les parties intéressées : il est donc important qu'il soit pris conformément aux règles spéciales de la loi ; ainsi, il ne peut pas stipuler que la prise de possession aura lieu avant le paiement de l'indemnité à faire régler par le jury.

D'un autre côté, on comprend que les parties intéressées ne doivent pas rester perpétuellement dans la crainte d'une expropriation toujours menaçante et toujours incertaine. Aussi la loi donne-t-elle à tout propriétaire dont l'immeuble est désigné dans l'arrêté de cessibilité du préfet, le droit de présenter requête au tribunal, si, dans l'année de l'arrêté du préfet, l'Administration ne poursuit pas l'expropriation [1].

TROISIÈME PÉRIODE

DEPUIS LE JUGEMENT D'EXPROPRIATION JUSQU'A LA COMPARUTION DEVANT LE JURY.

JUGEMENT D'EXPROPRIATION ET JUGEMENT DE DONNÉ ACTE. CONSÉQUENCES.

Après l'arrêté de cessibilité pris par le préfet, les pièces sont envoyées au procureur impérial, sur la réquisition duquel le tribunal prononce l'expropriation, pour cause d'utilité publique, des terrains ou bâtiments indiqués dans l'arrêté du préfet.

Dans le cas où les propriétaires expropriés consentent à la cession sans s'accorder avec l'Administration sur le prix de l'immeuble, le tribunal donne acte du consentement, et désigne le magistrat directeur du jury.

Enfin, dans le cas où une année s'écoulerait depuis

1. Loi de 1841, art. 14.

l'arrêté de cessibilité du préfet sans que ce dernier poursuivît l'expropriation, les propriétaires des terrains indiqués par l'arrêté ont le droit de présenter requête au tribunal. Cette requête est communiquée par le procureur impérial au préfet, qui doit envoyer les pièces dans le plus bref délai, et le tribunal statue dans les trois jours.

Ce jugement, soit qu'il prononce, soit qu'il refuse l'expropriation, n'est pas susceptible d'appel; c'est ce qui résulte d'un arrêt de la Cour suprême cassant un arrêt de Cour impériale, qui avait admis l'appel[1].

La seule voie de recours est le pourvoi en cassation, fondé uniquement sur l'incompétence, l'excès de pouvoir ou le vice de forme[2].

Ce jugement a une très-grande importance, car il règle définitivement la position respective de l'expropriant et de l'exproprié.

L'expropriant ne peut plus renoncer au bénéfice du jugement; que les travaux projetés s'accomplissent ou non, il est obligé de faire procéder au règlement de l'indemnité par le jury[3].

1. Cour de Cassation : 21 juin 1864. — *Contra*, Cour de Metz : 15 janvier 1863.
2. Loi de 1841, art. 20.
3. Cour de Cassation : 13 février 1861.

L'exproprié ne peut pas davantage s'opposer à l'exécution du jugement.

La possession de son immeuble lui reste jusqu'au paiement de l'indemnité, mais la propriété passe à l'expropriant.

Le jugement a pour effet immédiat de résoudre les baux comme tous les droits dont peut être grevé l'immeuble exproprié, et, par suite, d'ouvrir au profit des locataires le droit à une indemnité d'éviction [1].

Ce droit existe, pour les locataires, alors même que l'expropriant leur notifierait son intention de respecter leurs baux, et de les laisser jouir paisiblement des lieux loués jusqu'à l'expiration du temps convenu [2].

L'effet du jugement d'expropriation s'applique même aux parties d'immeubles non atteintes par l'exécution des travaux publics, alors que l'expropriation a été étendue à la totalité des immeubles, en vertu du décret de 1852. (Voir pag. 3.)

Lorsque, comme nous l'avons vu plus haut, la cession amiable par le propriétaire à l'expropriant, rend inutile le jugement d'expropriation, cette cession

1. Cour de Cassation : 9 août 1864.
2. Cour de Cassation : 16 avril 1862.

produit les mêmes effets que le jugement vis-à-vis des
locataires dont elle résout les baux et au profit desquels elle ouvre le droit à une indemnité[1].

PRISE DE POSSESSION D'URGENCE.

En principe général, après le jugement d'expropriation, l'Administration doit remplir les formalités
nécessaires pour arriver au règlement de l'indemnité,
et ce n'est qu'après le règlement et le payement de
cette indemnité, qu'elle peut prendre possession des
localités expropriées.

Cependant, la loi a prévu le cas où il y aurait une
grande urgence à ce que l'Administration se mît en
possession.

Dans ce cas, l'urgence est spécialement déclarée
par un décret[2].

Lorsque le jugement d'expropriation est rendu, le
décret qui déclare l'urgence et le jugement sont no-
tifiés au propriétaire et aux détenteurs avec assignation devant le tribunal civil; l'assignation donnée à
trois jours au moins doit énoncer la somme offerte
par l'Administration[3].

1. Cour de Paris : 7 mai 186; et 11 août 1862. — Cour de
Cassation : 2 août 1865.
2. Loi de 1841, art. 65.
3. Loi de 1841, art. 66.

Au jour fixé par l'assignation, le propriétaire et les détenteurs sont tenus de déclarer la somme dont ils demandent la consignation avant l'envoi en possession ; faute par eux de comparaître, il est procédé en leur absence[1].

Le tribunal fixe le montant de la somme à consigner ; cette somme doit comprendre, outre le principal, celle nécessaire pour assurer, pendant deux ans, le payement des intérêts à 5 p. 100.

Sur le vu du procès-verbal de consignation et sur une assignation à deux jours de délai au moins, le président ordonne la prise de possession en taxant les dépens, qui sont toujours à la charge de l'Administration[2].

Le jugement du tribunal et l'ordonnance du président sont exécutoires par provision et ne peuvent être attaqués par opposition ni appel[3].

Il est à remarquer que la prise de possession d'urgence ne peut-être prononcée que pour les terrains *non bâtis*. Aussi la Cour de Cassation a-t-elle déclaré susceptible de recours en cassation le jugement qui, au cas d'expropriation d'urgence, statue sur une question préjudicielle, notamment sur celle de savoir

1. Loi de 1841, art. 67.
2. Loi de 1841, art. 70 et 72.
3. Loi de 1841, art. 71.

si le terrain dont la prise de possession a été autorisée est ou non un terrain bâti[1].

Dans la huitaine qui suit la notification faite au propriétaire du jugement d'expropriation, ce dernier doit dénoncer à l'expropriant les fermiers et les locataires, ceux qui ont des droits d'usufruit, d'habitation ou d'usage, enfin ceux qui peuvent réclamer des servitudes résultant des titres mêmes du propriétaire ou d'autres actes dans lesquels il serait intervenu[2].

Mais le propriétaire n'est pas tenu de dénoncer les sous-locataires[3].

OFFRES PAR L'EXPROPRIANT. — DEMANDES PAR L'EXPROPRIÉ.

Toutes les parties intéressées une fois connues de l'expropriant, celui-ci doit leur notifier les sommes qu'il offre pour indemnités. La loi ne fixant aucune limite aux offres à faire par l'expropriant, la modicité des offres (par exemple 1 franc) n'en entraîne pas la nullité[4]. Nous devons faire observer que le montant des offres judiciaires faites par l'expropriant n'est jamais la représentation exacte de la somme qu'il

1. Cour de Cassation : 29 août 1864.
2. Loi de 1841, art. 21.
3. Cour de Paris : 11 août 1862. — Cour de Cassation : 9 mars 1864.
4. Cour de Cassation : 1er juin 1864.

apprécie lui-même devoir à l'exproprié. Obligé de faire ses offres avant de connaître les prétentions de l'exproprié, il fixe toujours une somme relativement insignifiante, sauf à l'élever dans une proportion considérable, soit devant la commission spéciale, s'il s'agit d'un arrangement amiable, soit devant le jury, s'il n'y a pas eu transaction. Ces offres sont ensuite publiées et affichées de la même manière que l'avertissement, donné aux parties intéressées, de prendre communication du plan parcellaire déposé à la mairie[1] (pag. 7).

Dans la quinzaine, les expropriés doivent faire connaître s'ils acceptent, ou indiquer le montant de leurs prétentions[2]. Mais les expropriés peuvent se dispenser de le faire et attendre leur comparution devant le jury pour fixer le chiffre auquel ils prétendent avoir droit.

Les offres de l'expropriant peuvent être modifiées par lui, sans qu'un nouveau délai de quinzaine les sépare de la comparution devant le jury[3].

1. Loi de 1841, art. 23.
2. Loi de 1841, art. 24.
3. Cour de Cassation : 6 mars 1861.

CONVOCATION, PAR L'EXPROPRIANT, DES EXPROPRIÉS DEVANT LE JURY.

Ces formalités remplies, l'expropriant doit convoquer les expropriés devant le jury spécial, à l'effet de faire régler le montant des indemnités[1]. La Cour de Cassation a même décidé que, au cas où l'un des copropriétaires d'un immeuble indivis exproprié n'a reçu ni notification d'offres, ni assignation devant le jury, alors que cependant tous les copropriétaires étaient inscrits à la matrice cadastrale et désignés au jugement d'expropriation, la décision du jury est nulle pour le tout, même à l'égard de ceux des copropriétaires avec lesquels elle est intervenue[2].

DROIT POUR LES EXPROPRIÉS DE FAIRE CONVOQUER UN JURY.

Si l'expropriant n'appelle pas les expropriés devant le jury, dans les six mois du jugement d'expropriation, les expropriés ont le droit de faire convoquer un jury[3].

A cet effet ils doivent présenter une requête, soit

1. Loi de 1841, art. 28.
2. Cour de Cassation : 26 novembre 1862.
3. Loi de 1841, art. 55.

au premier président de la Cour impériale, soit au président du tribunal civil, selon que l'expropriation a lieu dans un département formant le siége d'une Cour impériale, ou dans un département formant le siége d'un tribunal[1].

QUATRIÈME PÉRIODE

OPÉRATIONS DU JURY. — DÉLIBÉRATION. — DÉCISION.

Le jury est composé suivant des règles tracées avec soin par le législateur.

Dans sa session annuelle, le conseil général du département désigne, pour chaque arrondissement de sous-préfecture, tant sur la liste des électeurs que sur la seconde partie de la liste du jury, trente-six personnes au moins et soixante-douze au plus, qui ont leur domicile réel dans l'arrondissement, parmi lesquelles sont choisis jusqu'à la session suivante du conseil général, les membres du jury spécial. Le nombre des jurés désignés pour le département de la Seine sera de six cents[2].

1. Loi de 1841, argument de l'art 30.
2. Loi de 1841, art. 29.

Toutes les fois qu'il y a lieu de recourir à un jury spécial, la première chambre de la Cour impériale, dans les départements qui sont le siége d'une Cour impériale, et, dans les autres départements, la première Chambre du tribunal du chef-lieu judiciaire, choisit en la Chambre du conseil, sur la liste dressée pour l'arrondissement dans lequel ont lieu les expropriations, seize personnes qui forment le jury spécial, chargé de fixer définitivement le montant de l'indemnité, et, en outre, quatre jurés supplémentaires[1].

La discussion devant le jury a lieu en audience publique[2].

Le magistrat directeur met sous les yeux du jury :

1° Le tableau des offres de l'expropriant et des demandes des expropriés ;

2° Les plans parcellaires et les titres ou autres documents produits par les parties à l'appui de leurs offres et de leurs demandes[3].

Les parties ou leurs défenseurs sont autorisés à présenter des observations orales. La Cour de Cassation a décidé avec beaucoup de raison, suivant nous, que le magistrat directeur ne pouvait, sans excès de pouvoir, interrompre l'avocat de l'exproprié, par des

1. Loi de 1841, art. 30.
2. Loi de 1841, art. 37.
3. Loi de 1841, art. 37.

observations exprimant son opinion personnelle sur l'affaire[1].

Le jury peut entendre toutes les personnes qu'il croit pouvoir l'éclairer[2].

Il peut aussi se transporter sur les lieux ou déléguer à cet effet un ou plusieurs de ses membres[3].

Dans la discussion devant le jury les offres de l'expropriant et les demandes des expropriés peuvent être modifiées[4].

Le propriétaire peut même user devant le jury du droit que lui accorde la loi, de demander l'expropriation totale de l'immeuble :

Si l'acquisition d'une partie des *bâtiments* est nécessaire pour le travail projeté;

Si, par suite de l'expropriation, la parcelle du *terrain* morcelé se trouve réduite au quart, mais dans le cas seulement où le propriétaire ne possède aucun terrain immédiatement contigu et où la parcelle ainsi réduite est inférieure à dix ares[5].

La réquisition d'acquisition totale peut être adres-

1. Cour de Cassation : 18 décembre 1861.
2. Loi de 1841, art. 37.
3. Loi de 1841, art. 37.
4. Cour de Cassation : 18 décembre 1861.
5. Loi de 1841, art. 50.

sée au magistrat, directeur du jury, ou notifiée par l'exproprié à l'expropriant[1].

Ce droit appartient non-seulement au propriétaire, mais encore au locataire, et, dans ce cas, l'expropriant est substitué au locataire à l'égard du propriétaire, dans les droits et charges dérivant du bail[2]. Cela est juste, car l'intérêt du locataire peut, dans certains cas, être opposé à celui du propriétaire, et l'équité exige que le droits du locataire ne soit pas sacrifié à l'avantage du propriétaire.

L'expropriant étant substitué au locataire, à l'égard du propriétaire, dans les droits et charges du bail, tous les intérêts se trouvent sauvegardés, puisque la position du propriétaire ne se trouve pas changée par l'expropriation consommée sur la demande du locataire.

INDEMNITÉ. — PRINCIPE DE LA LOI.

Lorsque l'exproprié comparaît devant le jury, il a le droit de demander une indemnité qui compense *tout* le préjudice souffert par lui.

1. Cour de Cassation : 10 avril 1861; 1er juillet 1862: 2 août 1865.
2. Cour de Paris : 6 mai 1854.

En effet, s'il se voit obligé de céder sa propriété ou sa location dans l'intérêt d'un grand travail public, il doit tout au moins être indemnisé des pertes que va lui causer l'expropriation et des bénéfices dont elle va le priver.

Sans doute, le jury ne devra pas faire entrer en ligne de compte, dans la fixation de l'indemnité, l'intérêt d'affection que l'exproprié pouvait avoir pour les localités qu'il abandonne, le désagrément moral qu'il éprouvera de quitter une maison pleine de doux ou pénibles souvenirs; mais il doit, pour être juste, se montrer large dans l'appréciation du dommage matériel.

Il ne faut pas, qu'après la décision du jury, l'exproprié se trouve plus pauvre ou moins riche qu'avant l'expropriation; celui-ci doit être placé dans la position pécuniaire où il était avant la cession forcée, soit de sa propriété, soit de sa jouissance.

La loi, conforme au bon sens et à l'équité, le veut ainsi. Elle ne se contente pas d'accorder à l'exproprié la *valeur* de ce qu'il perd; elle lui concède le droit à une *indemnité*, c'est-à-dire à la compensation de tous les avantages dont il est privé.

C'est ce que disait, dans son noble langage, Mᵉ Berryer, notre illustre et vénéré confrère, plaidant, le 13 janvier 1863, pour un exproprié (M. Andry) devant le jury d'expropriation du département de la Seine.

« *Indemnité* et *valeur* sont-ils synonymes? non; car alors le texte de la loi porterait le mot *valeur*, et non le mot *indemnité*.

« Eh! Messieurs, j'avais l'honneur de faire partie de nos anciennes assemblées législatives, lorsque cette loi du 3 mai 1841 fut votée, et je me rappelle parfaitement le motif qui fit choisir le mot *indemnité*. En accordant le droit juste, mais exorbitant d'exproprier, il nous a semblé que l'intérêt privé devait s'effacer devant l'intérêt général, mais à la condition d'indemniser le citoyen exproprié, c'est-à-dire à condition de le remettre après l'expropriation dans une situation, sinon identique, du moins analogue à celle qu'il avait auparavant. Or donc, si ma maison, vieille de style, mais ferme sur sa base, réunit pour moi tous les charmes d'une commodité inappréciable; si cette maison, dans laquelle vit toute une famille, où je puis recevoir mes parents et amis de province pendant plusieurs mois, dans laquelle j'ai un grand cabinet, deux salons, un billard, un jardin, en un mot, je le répète, une vie heureuse... si cette maison ne vaut que 100,000 francs, ce n'est pas 100,000 fr. que je demande seulement; je demande la somme qu'il me faudra dépenser pour retrouver ailleurs, dans le même quartier, une habitation qui me procure les mêmes jouissances, où j'aurai le même nombre de pièces, la même étendue de terrain. Voilà le prix que je vous demande, l'indemnité que j'exige, et je vous le répète, je ne compte pour rien les chers souvenirs d'une maison qui m'a vu naître, qui a vu mourir mes parents aimés, qui a vu s'écouler ma jeunesse. Si je comptais tout cela, vous ne pourriez pas me le payer, car cela, rien ne pourra me le rendre. Ce que je ne vous demande pas encore, c'est le temps si précieux perdu pour M. Andry et qu'il perdra pour transporter et remettre en ordre une bibliothèque considérable, plus de quinze mille volumes.

« Quant à moi, Messieurs, depuis trente-sept ans, j'habite rue Neuve-des-Petits-Champs, 64 ; depuis trente-sept ans, je place avec un ordre à moi connu les livres, les brochures que j'ai reçus, dont j'ai besoin, que je considère comme indispensables à mes travaux, à mes plaisirs, à mes études.

« Littérature, politique, jurisprudence, tout est amassé par moi et chez moi. J'ai besoin d'avoir toujours sous la main ces livres auxquels je recours si souvent. Eh bien ! si j'étais atteint par l'expropriation, que ferais-je ? que demanderais-je ? Je n'en sais rien ; mais ce que je sais bien, c'est que j'aurais besoin d'une année pour faire un peu d'ordre au milieu de ce chaos que me causerait un déménagement. Bien des publications auxquelles je suis attaché s'égareraient, et je perdrais le souvenir que j'ai aujourd'hui des livres que je chéris, des places qu'ils occupent et que ma mémoire se rappelle encore, parce que j'étais jeune alors. Je perdrais une année, vous dis-je. Eh bien ! que me donnerait-on en échange ? que vaudrait pour moi une année de ma vie ? »

Le principe général une fois posé, nous croyons devoir examiner les règles qui s'appliquent tout à la fois aux indemnités réclamées par les propriétaires et à celles réclamées par les locataires, pour rechercher ensuite les divers éléments d'appréciation que chaque catégorie d'expropriés peut soumettre au jury.

Mais nous devons présenter de suite une observa-

2

tion importante. L'expropriant a, comme on le sait, un délai de six mois à partir de la décision du jury, pour payer à l'exproprié l'indemnité qui lui est allouée. Or, il est de toute justice que ce dernier fasse entrer en ligne de compte, dans l'indemnité qu'il réclame, les intérêts, pendant ces six mois, de la somme qui doit lui être allouée. L'indemnité est due le jour de la décision du jury; si un délai *de grâce* de six mois est accordé à l'expropriant, celui-ci ne doit pas moins tenir compte à l'exproprié des six mois d'intérêts perdus pour lui.

INDEMNITÉ UNIQUE. — INDEMNITÉS DISTINCTES.

D'après la loi spéciale sur les expropriations, le jury prononce des indemnités distinctes en faveur des parties qui les réclament à des titres différents, comme propriétaires, fermiers, locataires, usagers, et autres intéressés [1].

Mais rien n'empêche que les parties réclament ensemble une seule et unique indemnité, sauf à s'entendre plus tard entre elles sur la répartition de l'indemnité qui sera allouée. C'est là une convention parfaitement licite de la part des expropriés; d'ailleurs cette

1. Loi de 1841, art. 39.

convention ne peut causer aucun préjudice à l'expropriant; peu lui importe que la propriété soit frac-
tionnée par la division des droits, ou qu'elle soit
recomposée par leur réunion, il n'aura jamais à payer
que la valeur de la propriété complète. Il faut même
reconnaître qu'une telle convention a pour avantage
de faciliter les opérations du jury [1].

Mais les parties intéressées, même à un titre semblable, — par exemple des propriétaires indivis d'un
même immeuble, — peuvent demander des indemnités
distinctes, et dans ce cas elles ont le droit de faire
fixer l'indemnité pour chacune d'elles séparément [2].

Le même exproprié peut, d'un autre côté, former
des chefs distincts de demande pour les différents
préjudices allégués par lui, sauf au jury à réunir tous
les chefs en une seule indemnité [3].

INDEMNITÉS ALTERNATIVES.

Il arrive souvent que, lors de la discussion devant
le jury, l'expropriant et l'exproprié ne sont pas d'accord sur la qualité du réclamant et sur l'étendue de
ses droits.

1. Cour de Cassation : 29 août 1854 et 15 décembre 1856.
2. Cour de Cassation : 6 janvier 1857 et 3 février 1858.
3. Cour de Cassation : 4 juillet 1854 ; 26 décembre 1854 ;
5 mai 1856; 24 juin 1857 et 16 décembre 1861.

Dans le cas où il s'élève une contestation sur le point de savoir si l'exproprié est recevable à demander l'acquisition totale d'un terrain partiellement exproprié, il y a lieu de demander deux indemnités alternatives : l'une pour le cas d'acquisition totale ; l'autre pour le cas d'acquisition partielle[1].

Mais il n'en est plus de même lorsque l'exproprié requiert l'acquisition totale de l'immeuble compris en partie seulement dans l'expropriation, lorsque sa réquisition n'est pas contestée par l'expropriant[2].

Il y a lieu à deux indemnités alternatives :

En cas de contestation entre l'expropriant et l'exproprié, sur le point de savoir si l'indemnité est due pour la surface seulement, ou pour la surface et le tréfonds[3] ;

Lorsque l'immeuble à exproprier est l'objet d'un procès non terminé entre l'exproprié et des propriétaires voisins qui prétendent avoir certaines servitudes sur cet immeuble[4] ;

Lorsqu'un jugement qui donne acte à un propriétaire de son consentement à la démolition de sa maison, pour sa mise à l'alignement, renvoie devant

1. Cour de Cassation : 25 août 1856 et 1er juillet 1863.
2. Cour de Cassation : 28 décembre 1859.
3. Cour de Cassation : 22 juin 1852 et 22 août 1853.
4. Cour de Cassation : 22 avril 1856.

le jury à l'effet de fixer les indemnités dues, tant au propriétaire qu'aux locataires pour éviction totale. En effet, ce jugement, rendu vis-à-vis du propriétaire seul, n'a pas autorité de la chose jugée vis-à-vis des locataires, sur le point de savoir si l'éviction est totale ou partielle, et n'enlève pas aux locataires le droit de demander le maintien du bail avec indemnité pour éviction partielle [1];

Lorsque la validité d'un bail ou d'un renouvellement de bail dont excipe un locataire exproprié est contestée, ou que l'expropriant prétend que, par une circonstance particulière (par exemple, comme ayant été consenti postérieurement au décret d'expropriation) ce bail ne peut lui être opposé, et que le locataire ne saurait y trouver une cause d'indemnité; il y a lieu, dans cette hypothèse, à deux indemnités alternatives : l'une pour le cas où le bail serait jugé opposable à l'expropriant; l'autre pour le cas où le bail serait annulé et où le locataire n'aurait ainsi qu'une location purement verbale [2].

1. Cour de Cassation : 27 février 1854.
2. Cour de Cassation : 28 janvier et 14 avril 1857.

INDEMNITÉ HYPOTHÉTIQUE.

Lorsque l'expropriant conteste au détenteur exproprié tout droit à une indemnité, l'exproprié n'en a pas moins le droit de réclamer l'indemnité qu'il prétend lui être due, et de se la faire allouer par le jury; seulement il est obligé de faire juger plus tard par les tribunaux ordinaires auxquelles la contestation est renvoyée la question de savoir si l'indemnité doit lui appartenir[1].

C'est ce qui arriverait, par exemple, si l'expropriant prétendait que le réclamant qui intervient devant le jury n'était pas compris dans l'expropriation[2].

INDEMNITÉ RÉCLAMÉE PAR LE PROPRIÉTAIRE.

Les propriétaires sont ordinairement connus de l'expropriant, parce qu'ils sont inscrits sur la matrice des rôles; aussi leurs noms doivent-ils être indiqués sur le plan parcellaire des propriétés à exproprier[3].

1. Loi de 1841, art. 39 et 49.
2. Cour de Cassation : 2 août 1865.
3. Loi de 1841, art. 5.

Mais il est possible que, par suite de la vente de
l'immeuble, la personne inscrite sur la matrice des
rôles ne soit plus propriétaire au moment où l'expropriation a lieu.

C'est alors au propriétaire actuel à faire connaître
sa qualité à l'expropriant pour que la procédure spéciale puisse se suivre vis-à-vis de lui.

Il a été jugé à cet égard par la Cour de Cassation
que l'on devait regarder comme ayant fait suffisamment connaître sa qualité en temps utile le propriétaire qui, bien que ne figurant pas sur la matrice
cadastrale, a fait, dès qu'il a été-question de l'expropriation et d'accord avec son auteur immédiat inscrit
sur cette matrice, connaître sa situation avant le jugement d'expropriation, et par conséquent dans les
délais fixés par la loi.

La Cour ajoute que, spécialement à Paris, la
preuve de cette déclaration et de la connaissance
qu'en avait l'expropriant se trouve suffisamment
établie par cette double circonstance : que le véritable propriétaire a été appelé à remettre à l'agent
voyer les renseignements nécessaires pour la fixation du prix de son indemnité, et qu'à plus forte
raison la preuve de la connaissance du véritable
exproprié par l'expropriant est manifeste quand, sur
le tableau des offres officielles, le nom du proprié-

taire actuel figure à côté de celui de l'ancien propriétaire inscrit sur le cadastre [1].

Nous devons faire de suite observer que le propriétaire aurait tort de regarder comme pouvant lui
être défavorable la concession de baux passés par lui.
Les indemnités dues au propriétaire et aux locataires
ont pour base des éléments complétement différents;
l'une ne saurait nuire à l'autre. Le propriétaire a, au
contraire, tout avantage à prouver devant le jury que
son immeuble est loué en totalité, une propriété
ayant incontestablement une valeur plus grande
lorsque le revenu en est fixé par des baux.

Eléments de l'indemnité. — Le propriétaire qui
est exproprié peut fournir au jury des éléments divers pour l'appréciation de l'indemnité réclamée
par lui.

Valeur vénale de l'immeuble. — Il a tout d'a-
bord le droit de demander la valeur du terrain bâti
ou non bâti dont il va être privé.

Cette valeur peut, on le comprend, varier à l'infini,
selon les cas.

S'il s'agit d'un terrain non bâti, il faut examiner :

1. Arrêt du 13 décembre 1865.

quelle est sa nature et quelle est sa position ; s'il est propre à la culture, et, dans ce cas, quelle est la qualité de la terre, son état d'entretien, la production à laquelle elle est favorable, etc.

S'il s'agit de terrains bâtis, il faut rechercher : quelle est l'importance des constructions, leur rapport actuel ou susceptible d'augmentation, leur état d'entretien et d'appropriation à des locations plus ou moins avantageuses, en ayant soin, bien entendu, de déduire du rapport total de l'immeuble les charges annuelles de manière à avoir le revenu net.

Pour les deux natures de propriétés, il est bon de consulter la matrice des rôles des contributions directes, foncières, mobilières, des portes et fenêtres, etc., de manière à connaître la valeur fixée par l'administration des contributions, tout au moins au point de vue de l'impôt; seulement on sait que cette administration estime d'ordinaire à une valeur moindre que la valeur réelle. On peut aussi consulter utilement les ventes les plus récentes de terrains ou de propriétés bâties situés dans les environs de la propriété expropriée et se trouvant dans des conditions à peu près identiques.

En effet, la valeur que doit fixer le jury n'est pas la valeur intrinsèque seulement, c'est la valeur vénale, c'est-à-dire le prix que le propriétaire pourrait obtenir s'il vendait son immeuble à l'amiable.

Tel est le principe universellement admis devant le jury dans toutes les affaires d'expropriation.

Il été a consacré judiciairement par la Cour de Toulouse à une époque, il est vrai, où l'indemnité était appréciée par les tribunaux ordinaires; mais cette décision n'en conserve pas moins toute sa force, et nous croyons devoir en donner le texte parce qu'elle pose très-nettement les bases de l'appréciation à faire par le jury.

« Attendu, dit la Cour, que tout propriétaire dépossédé pour cause d'utilité publique doit être indemnisé préalablement; — Attendu que si le rapport des experts chargés d'estimer l'indemnité due au sieur Grenier Mortis a basé leur estimation sur la valeur matérielle seulement de la maison, tandis que, par la situation et les localités, elle doit avoir nécessairement un prix supérieur, le Tribunal de première instance, n'étant pas obligé de suivre leur opinion, a dû ajouter au prix par eux fixé une somme propre à porter la maison *à la véritable valeur qu'elle aurait eue entre particuliers...* [1] »

En résumé, pour apprécier la valeur vénale d'une propriété immobilière, il existe plusieurs éléments

1. 8 juillet 1830.

qui peuvent servir ensemble ou séparément de guide pour le jury.

On peut rechercher quelle est la valeur intrinsèque de la propriété.

On peut aussi capitaliser le revenu qu'elle produit.

On peut enfin additionner ces deux résultats et en prendre la moitié.

Le premier système doit être suivi, par exemple, dans le cas où un terrain non bâti n'est pas occupé et se trouve par conséquent improductif.

Il y a lieu, au contraire, de recourir au second système si la propriété est louée à sa valeur réelle.

Enfin, le troisième système a l'avantage d'établir une moyenne équitable entre la valeur intrinsèque et la valeur locative.

Constructions, plantations, améliorations. — L'indemnité doit s'appliquer à tout ce qui fait partie de la propriété immobilière, notamment aux constructions et plantations; elle doit s'appliquer également à tous les objets réputés immeubles par destination : ou parce qu'ils ont été placés sur le fonds par le propriétaire pour le service et l'exploitation de ce fonds, ou parce qu'ils y ont été attachés à perpétuelle demeure [1]. Dans ces objets doivent être compris, par

---

1. Code Nap., art. 524 et 525.

exemple, les animaux attachés à la culture, les ustensiles aratoires, les semences données aux fermiers ou colons partiaires, les pigeons des colombiers, les lapins des garennes, les ruches à miel, les poissons des étangs, les pressoirs, les chaudières, les alambics, les cuves et les tonnes; les ustensiles nécessaires à l'exploitation des forges, papeteries et autres usines; les objets scellés au mur avec du plâtre, de la chaux ou du ciment, ceux qui ne peuvent être détachés sans être fracturés et détériorés, ou sans briser ou détériorer la partie du fonds à laquelle ils sont attachés. Ainsi la Cour de Paris a décidé, avec raison suivant nous, que les glaces d'un appartement, non scellées dans le mur, ne sont pas comprises dans l'expropriation, et peuvent par conséquent être enlevées, même après la décision du jury, par l'exproprié[1].

Il est un seul cas où les constructions, plantations et améliorations ne donnent lieu à aucune indemnité; c'est celui où le jury, soit à raison de l'époque où elles ont été faites, soit à raison de toutes autres circonstances dont l'appréciation lui est abandonnée, acquiert la conviction qu'elles l'ont été dans la vue d'obtenir une indemnité plus élevée[2].

1. Cour de Paris : 6 janvier 1865.
2. Loi de 1844, art. 52.

Le sol et le tréfonds. — Le propriétaire a également le droit d'exiger que l'expropriation porte tout à la fois sur le sol et le sous-sol ou tréfonds, car le sous-sol est une partie intégrante de la propriété immobilière. Le propriétaire ayant, comme nous l'avons vu (page 13), le droit d'exiger que l'expropriation faite partiellement par l'expropriant soit étendue à toute la propriété, il a incontestablement la faculté de réclamer l'expropriation du tréfonds aussi bien que de la superficie [1].

Force motrice. — En vertu du même principe, le propriétaire a le droit de faire apprécier par le jury la valeur d'une force motrice d'usines empruntée aux eaux surabondantes d'un cours d'eau du domaine public, lorsque cette force motrice est devenue une propriété privée par l'effet d'une concession perpétuelle. Ce point de droit est important pour les expropriés, puisqu'il leur permet de faire fixer l'indemnité par le jury au lieu de porter leur demande devant la juridiction administrative. Il résulte d'un arrêt récent de la Cour de Cassation [2].

Cette décision présente d'autant plus d'intérêt,

1. Cour de Paris : 26 juillet 1864.
2. Cour de Cassation : 2 août 1865.

qu'elle semble repousser une distinction, bien erro-
née, suivant nous, faite par le Conseil d'État en matière d'expropriation d'usines.

Il est admis par la jurisprudence aujourd'hui
constante du Conseil d'État, que la suppression totale
ou partielle de la force motrice d'une usine établie
sur un cours d'eau non navigable ni flottable, ne
constitue qu'un simple dommage de la compétence de
l'autorité administrative[1].

Mais on s'est demandé si cette jurisprudence devait
s'appliquer au cas où il y aurait expropriation de
l'usine et des terrains en dépendant. Le Conseil
d'État, saisi de cette question, a décidé qu'en pareil
cas l'autorité administrative devait régler l'indemnité
due au propriétaire pour la force motrice, et le jury
celle due pour les bâtiments[2]. Cette distinction était
alors très-nettement repoussée par M. le commissaire
du Gouvernement.

« En thèse générale, disait ce magistrat, nous reconnais-
sons que la distinction du dommage et de l'expropriation est
fondée lorsqu'on laisse à l'usinier son bâtiment, son mécanisme, une certaine force motrice; si l'on supprime la force
motrice, il peut la remplacer par une machine à vapeur, un
manége, etc.; mais lorsque vous supprimez tout, bâtiment,
mécanisme, force motrice, la distinction de l'expropriation

1. Conseil d'État : 27 août 1857 et 15 mai 1858.
2. Arrêt du 27 août 1857.

et du dommage est puérile. Il ne reste rien, absolument rien de l'établissement : où est l'élément de distinction ? »

Le dernier arrêt de la Cour de Cassation semble se ranger à cette doctrine en décidant que le règlement de l'indemnité afférente à la force motrice supprimée, dont il s'agissait, devait être fait par le jury, dès que les usines et les terrains s'y rattachant étaient expropriés, s'agissant là d'un tout indivisible.

Usine, mine, carrière. — Du principe que l'expropriant est tenu de payer la valeur de tout ce qui compose la propriété, il résulte évidemment qu'il doit le prix d'une usine, d'une mine ou d'une carrière qui se trouve dans le fonds exproprié.

Mais, pour cela, est-il nécessaire que l'usine, la mine ou la carrière soit exploitée, ou suffit-il qu'elle existe sans être exploitée au moment où a lieu l'expropriation?

Il y a, suivant nous, dans ce cas, une appréciation et une distinction à faire. Sans doute, lorsque l'usine, la mine, la carrière n'est pas en activité, ou lorsqu'une chute d'eau n'est pas utilisée, le propriétaire n'a pas droit d'obtenir une indemnité aussi forte que s'il faisait produire à son immeuble tous les résultats qu'il pourrait en attendre.

Mais nous ne saurions admettre, pour notre part, que le jury ne dût pas prendre en considération, tout au moins dans une certaine limite, la partie de l'immeuble non utilisée par le propriétaire.

Si celui-ci était resté détenteur de son immeuble, il aurait peut-être, plus tard, utilisé la chute d'eau ou la mine, la carrière, etc., soit en cédant le droit de s'en servir, soit en s'en servant lui-même.

D'un autre côté, s'il avait vendu sa propriété à un particulier, il aurait évidemment fait entrer dans l'appréciation de la valeur de l'immeuble la chose non utilisée, mais utilisable, qui pouvait devenir une cause de fortune pour un acquéreur plus riche ou plus entreprenant. Or, ce que le propriétaire aurait eu le droit de demander à un acquéreur, il a également le droit de le demander à l'expropriant.

C'est ensuite au jury à faire une appréciation équitable de ce qui peut être dû dans ce cas.

Tels sont, en résumé, les éléments qui constituent la valeur vénale de l'immeuble exproprié, c'est-à-dire le chef le plus important des indemnités à réclamer par le propriétaire.

Indemnité de remplacement. — A côté de ce premier élément d'indemnité s'en place un autre qui nous semble, quant à nous, aussi incontestable ; c'est celui que l'on appelle d'ordinaire *indemnité d'éviction et de remploi* ou *de remplacement.*

Il est évident qu'en recevant de l'expropriant le prix exact qu'il aurait obtenu d'un tiers, le propriétaire ne se trouve pas suffisamment indemnisé.

Dans le cas d'expropriation, il abandonne forcément sa propriété ; il en est évincé alors que peut-être il ne trouvera pas facilement une occasion de remplacer son immeuble ; il est obligé de prendre le soin de placer ses capitaux, devenus improductifs ; il ne peut le faire que d'une manière provisoire, et doit s'attendre à une certaine perte momentanée d'intérêts. D'un autre côté, lorsqu'il voudra racheter un immeuble, il devra supporter des frais d'actes, des honoraires de notaires et des droits d'enregistrement considérables. Il est donc juste qu'il soit indemnisé de ce chef par l'expropriant. C'est ce qui a lieu d'ordinaire, et le plus généralement on estime cette indemnité particulière au dixième de la valeur donnée à l'immeuble.

Ferme. — Valeur des récoltes. — Mais là ne s'arrêtent pas les chefs de demandes que le propriétaire peut former devant le jury.

Ainsi, il a le droit de réclamer la valeur des récoltes lorsque l'expropriation de terres cultivées a lieu avant l'époque de la maturité ; il n'en serait plus de même si la prise de possession n'avait lieu, conformément au jugement d'expropriation, que postérieurement à l'époque où il eût dû faire sa récolte.

Dépréciation d'une partie non expropriée de l'immeuble. — Le propriétaire a également le droit de demander une indemnité pour le cas où la partie non expropriée de sa propriété éprouve une dépréciation; c'est là un point reconnu constant, et qui ne saurait être, en effet, l'objet d'aucune contestation sérieuse.

Il est bien évident que si, par suite de l'expropriation, la partie conservée perd de sa valeur; s'il faut, d'un autre côté, faire des dépenses plus ou moins considérables pour la raccorder aux travaux entrepris par l'expropriant; si enfin le propriétaire se trouve, par suite de l'expropriation, privé d'un droit de passage, de puisage, etc., qui profitait à sa propriété tout entière, il ne sera pas suffisamment indemnisé par la valeur vénale de la partie expropriée.

Ce principe avait été proclamé devant la Chambre des Députés, dès 1833.

« Constamment, disait M. Duguilhon-Pujol, l'Administration a contesté l'étendue du mot *indemnité*. Elle a soutenu que l'indemnité due n'était que la valeur vénale du sol mais non la dépréciation du sol restant. Ces prétentions ont tou-

jours été repoussées par les tribunaux, parce qu'ils ont pensé
que l'indemnité, pour être juste, doit être complète. En
effet, le mot *indemnité* ne veut pas dire prix vénal de l'immeuble, il veut dire aussi le dédommagement dû au propriétaire par suite de sa dépossession. Eh bien, si le mot
indemnité exprime aussi dépréciation du sol restant, il faut
admettre une rédaction qui puisse être entendue dans ce
sens. C'est ainsi que le mot *indemnité* a été placé dans l'article 545 du Code civil; c'est dans ce sens qu'il se trouve
dans l'article 9 de la Charte; c'est aussi dans ce sens qu'il a
été interprété par les tribunaux. Quand je me suis servi des
mots *dédommagement, dépréciation*, je n'ai pas entendu parler d'une dépréciation à cause d'une valeur d'affection ou de
convenance, mais d'une dépréciation réelle. Or cette dépréciation peut avoir plusieurs causes; ces causes peuvent dé-
river de ce que le propriétaire dépossédé peut se trouver
privé d'un droit d'irrigation, d'un droit de passage, de ce
qu'il peut être obligé de construire un pont, d'établir un
bac, si sa propriété est traversée par un canal, etc... Je
pourrais citer une foule de cas de cette nature, et qui tous
feraient sentir la nécessité de l'indemnité proportionnée à la
valeur absolue et relative de la propriété. »

La Cour de Cassation a nettement formulé ce principe, lorsqu'elle a déclaré dans un de ses arrêts :

« Que l'indemnité consiste dans le payement d'une somme
d'argent mise à la disposition immédiate du propriétaire
dépossédé, et dont l'importance doit être déterminée en
raison composée de la valeur des objets expropriés et du
préjudice que le propriétaire dépossédé peut éprouver, soit
par la dépréciation de la portion de propriété qui reste dans

ses mains, soit par la dépense qu'il sera obligé de faire pour coordonner cette propriété à la disposition ultérieure des lieux... [1] »

Il a été de nouveau consacré par elle depuis la loi de 1841 [2].

Le dernier arrêt de la Cour de Cassation est ainsi conçu :

« Attendu, en droit, que nul ne peut être dépossédé pour cause d'utilité publique sans le payement d'une indemnité ; que cette indemnité doit être préalable, complète et définitive ; qu'elle doit se mesurer tout à la fois sur la valeur des parcelles expropriées et sur la dépréciation ou la plus-value du surplus de la propriété. — Attendu qu'il appartient au jury d'apprécier l'influence des travaux sur la propriété, même avant qu'elle se soit réalisée par des faits accomplis ; que l'article 51 de la loi du 3 mai 1841 l'a expressément décidé en ce qui concerne la plus-value, et que la même règle s'applique nécessairement à la dépréciation, pourvu qu'elle apparaisse comme le résultat direct et certain des travaux en vue desquels l'expropriation a été prononcée. — Attendu que s'il en était autrement, l'indemnité cesserait d'être préalable et d'être, dans ses éléments essentiels, réglée par le jury sous la garantie des tribunaux civils. — Attendu que le jury s'est donc à bon droit reconnu compétent pour apprécier les suites directes de l'expropriation et les conséquences nécessaires des travaux qui devaient en réaliser

1. Cour de Cassation : 31 décembre 1838.
2. Cour de Cassation : 8 juillet 1862 et 23 juin 1863.

l'objet, et que, dans l'état des faits, sa décision a été légale-
ment et régulièrement rendue ;... »

Mais la même Cour a décidé que le jury devenait
incompétent lorsqu'il s'agissait d'apprécier le préjudice résultant, non de l'expropriation elle-même,
mais de l'ensemble des travaux publics en vue desquels elle avait lieu [1]. Cette distinction est peut-être
un peu subtile, car, sans l'expropriation, les travaux
ne pourraient pas se faire, et dès lors l'expropriation
est toujours bien, en définitive, la cause de ces dommages.

Dommage futur et éventuel. — L'exproprié peut-il
réclamer une indemnité pour le dommage éventuel
et futur pouvant résulter de travaux ultérieurs ?

La Cour de Cassation a résolu la question dans le
sens de la négative [2], notamment dans un cas où l'exproprié demandait une indemnité pour les conditions hydrauliques qui seraient faites à son moulin
par suite des travaux à exécuter.

Cette question nous paraît délicate. Sans doute, le

1. Cour de Cassation : 23 juin et 16 décembre 1862.
2. Cour de Cassation : 6 février 1854 ; 3 janvier 1855 ; 6 janvier 1862 et 3 mars 1863.

3.

jury ne peut pas statuer à l'infini sur le préjudice in-
direct causé par l'expropriation; mais d'un autre côté,
il ne faut pas que l'exproprié soit privé de ses juges
naturels (le jury spécial) lorsque la demande a pour
cause un fait résultant de l'expropriation. Sans faire
injure à la juridiction administrative, nous compre-
nons que l'exproprié aime mieux porter sa demande
devant le jury que devant l'Administration, lorsqu'il
s'agit d'un préjudice causé précisément par elle. Où
sera la distinction entre les dommages directs et les
dommages indirects, entre les dommages certains et
les dommages futurs, les uns rentrant dans la compétence du jury d'expropriation, les autres dans la compétence des tribunaux administratifs?

Nous voyons, quant à nous, un danger à ce que la
compétence du jury d'expropriation soit restreinte
par la jurisprudence dans des limites trop étroites.
Par cela même que l'exproprié préfère le jury d'expropriation, l'Administration préfère la juridiction
administrative; or, n'est-il pas à craindre que, dans
l'état de choses actuel, elle ne parvienne facilement à
distraire l'exproprié de ses juges naturels? Pour cela,
il lui suffit de compléter le moins possible le plan des
travaux qui nécessitent l'expropriation; dans cette
position, l'exproprié ne peut savoir au juste quel
sera, sur la partie de propriété conservée par lui, le

résultat définitif des travaux, et, s'il réclame de ce
chef une indemnité, on lui répondra que c'est là un
préjudice *futur* et *incertain* pour lequel le jury est
incompétent.

En matière de construction de chemins de fer, par
exemple, la question de savoir comment se fera l'é-
coulement des eaux coupées par la voie a une très-
grande importance pour les expropriés ; ceux-ci ne
savent pas, le plus souvent, au moment de leur comparution devant le jury, quels seront les travaux effec-
tués plus tard pour assurer l'écoulement des eaux ; ils
ne peuvent donc, dans l'état actuel de la jurisprudence, réclamer que l'indemnité relative à la parcelle
de terre dont ils sont privés ; et cependant il arrive
fréquemment que le préjudice résultant directement
de l'expropriation est tout à fait insignifiant à côté
de celui qui provient des travaux faits, mal faits ou
non faits postérieurement à l'expropriation.

Compensation avec la plus-value. — La loi stipule
que le jury doit prendre en considération, dans l'évaluation de l'indemnité, l'augmentation de valeur
immédiate et spéciale produite par l'expropriation à
l'égard de la partie non expropriée de la propriété [1].

1. Loi de 1841, art. 51.

Ce n'est pas sans discussion que cette disposition a été adoptée par le législateur.

Lorsque la Chambre des Députés eut à s'occuper de la loi du 7 juillet 1833, aujourd'hui remplacée par celle de 1841, mais dans laquelle se trouvait une disposition semblable, M. Martin, du Nord, éleva contre ce système de graves objections.

« Nous nous sommes demandé, disait-il dans son rapport, comment il pourrait se faire qu'un propriétaire, dépossédé d'une partie du terrain qui lui appartient, fût, à raison de la plus-value du surplus, privé de tout ou partie de son indemnité, lorsque son voisin, qui aurait conservé sa propriété intacte, ne serait obligé à aucun sacrifice à raison des avantages que devrait lui procurer le canal ou le chemin projeté; nous nous sommes demandé si le propriétaire qui cultive son champ et qui n'a d'autre ambition que de le transmettre à ses enfants pour qu'ils trouvent, comme lui, dans ses produits annuels, des ressources pour leur famille, serait indemnisé de la perte qu'il éprouve par la prise de possession, au nom de l'État, de la moitié de sa propriété, parce que l'autre moitié paraîtrait aux yeux du jury devoir acquérir, dans la même proportion, une augmentation de valeur vénale dont il ne pense à tirer aucun profit. D'un autre côté, la prudence permet-elle d'espérer que ces hommes, tels capables qu'ils soient, puissent avec justice arriver à l'appréciation de cette plus-value? Il est des entreprises qui donnent à ceux qui les ont conçues les plus brillantes espérances, et il n'est pas rare qu'elles soient cruellement démenties. Si pourtant l'estimation de la plus-value a été faite sous l'inspiration de ces illusions, est-il juste que le propriétaire dépossédé soit victime de l'erreur de ses juges, lorsqu'une funeste réalité les aura dissipées? Procédera-t-on alors à une nouvelle estimation? Le propriétaire recouvrera-t-il une portion quelconque de l'indemnité dont une première opération, toute conjecturale, l'avait privé mal à propos? Nous ne croyons pas qu'aucun système puisse obvier à ces inconvénients, à ces inégalités, à ces injustices. »

Remarquons, en outre, que la plus-value ne doit pas être prise en considération, si elle s'applique non à l'immeuble partiellement exproprié, mais à d'autres immeubles du même propriétaire [1].

En résumé, pour que la plus-value puisse venir en compensation d'une partie du préjudice causé, il faut :

1° Qu'elle s'applique à une partie de la propriété même, dont une parcelle est expropriée;

2° Qu'elle soit immédiate, ou tout au moins qu'elle doive se produire après les travaux consommés, dans un délai très-rapproché;

3° Qu'elle soit spéciale, c'est-à-dire qu'elle doive s'appliquer non pas d'une manière vague à l'ensemble d'un quartier ou d'un pays, mais à la propriété même, dont une partie est expropriée.

Enfin, elle ne peut jamais être regardée comme

1. Cour de Cassation : 26 janvier 1857 et 11 mai 1859.

devant compenser *en entier* le préjudice causé par
l'expropriation.

INDEMNITÉ RÉCLAMÉE PAR LE LOCATAIRE.

Les locataires doivent, comme nous l'avons vu
déjà, être dénoncés par le propriétaire à l'expropriant, de telle sorte que celui-ci puisse être à même
de s'entendre avec le locataire lui-même, sinon de
suivre vis-à-vis de lui la procédure spéciale.

Mais si le propriétaire ne fait pas cette dénoncia-
tion, le locataire n'en a pas moins le droit d'intervenir devant le jury pour demander une indemnité
convenable[1], sauf, dans le cas où sa qualité serait contestée par l'expropriant, à faire prononcer par le jury
une indemnité hypothétique et à faire juger ensuite
la question du fond par le tribunal civil.

Quant aux sous-locataires, le propriétaire (qui le
plus souvent ne les connaît pas) n'a pas pour obligation de les dénoncer à l'expropriant.

Mais ils n'en ont pas moins le droit d'intervenir
devant le jury pour réclamer une indemnité; la dé-
nonciation faite par le propriétaire de son locataire

1. Cour de Cassation : 16 août 1852.

principal ou de ses locataires directs suffit pour sau-
vegarder les droits des sous-locataires [1].

Les locataires et les sous-locataires ont le droit de
réclamer une indemnité tant que les choses sont
entières, c'est-à-dire jusqu'au moment où, faute par
eux de s'être fait connaître, l'expropriant a obtenu
du jury, soit avec le propriétaire, soit avec le locataire principal ou le locataire direct du propriétaire,
le règlement de l'indemnité afférente à la jouissance
locative des non-réclamants [2].

Les locataires et les sous-locataires peuvent, bien
entendu, renoncer à leur droit de réclamer une indemnité de l'expropriant; mais une telle renonciation doit être expresse ; elle ne résulterait pas de ce
que le locataire serait resté dans les lieux plus de six
mois après le jugement d'expropriation et du consentement de l'expropriant.

En effet, comme nous l'avons vu plus haut (page
13), le jugement d'expropriation a pour effet de résoudre les baux; la jouissance du locataire perd,
dans ce cas, le caractère de jouissance locative; il n'y
a là qu'une occupation précaire qui ne peut devenir

1. Cour de Paris : 11 août 1862. — Cour de Cassation : 9 mars
1864.
2. Cour de Cassation : 9 mars 1864.

le principe ni d'une tacite reconduction ni d'un contrat dont le but serait de faire revivre l'ancien bail [1].

Principaux éléments de l'indemnité. — Si l'expropriation cause un grave préjudice au propriétaire, elle en cause un bien plus grave encore au locataire, surtout lorsque ce dernier exerce une industrie ou un commerce.

Le propriétaire a peu de chances de se ruiner s'il sait employer sagement les capitaux qui sont mis à sa disposition et s'il a obtenu une indemnité largement suffisante. L'industriel et le négociant ne savent jamais, au contraire, quel sera pour eux le résultat de l'expropriation, et cela à quelque somme que puisse s'élever l'indemnité allouée par le jury. L'homme qui exerce une industrie ou un commerce se préoccupe avant tout de ne pas changer de local ; aussi, voit-on chaque jour des locataires subir des exigences exorbitantes de la part de leurs propriétaires pour rester dans les lieux où ils ont fondé leurs maisons, où ils sont connus et où le public a l'habitude de venir les trouver.

S'ils se voient obligés, malgré eux, de transporter ailleurs le centre de leurs affaires, ils se précaution-

2. Cour de Cassation : 20 juin et 4 juillet 1864.

nent par avance d'un local convenable ; ils recher-
chent avec soin celui qui, dans le voisinage, leur
paraît le plus propre à remplacer celui qu'ils aban-
donnent ; ils ne se décident qu'à la suite de mûres
réflexions , après avoir soigneusement médité les
chances de succès que semble devoir leur promettre
cette installation nouvelle ; ils y établissent lente-
ment et à leur aise un agencement approprié à leur
commerce ; ils prennent le temps d'annoncer au public, par tous les moyens en leur pouvoir, leur changement de domicile, notamment en plaçant de grands
écriteaux sur les deux maisons, sur celle qu'ils aban-
donnent et sur celle qu'ils vont occuper. Enfin s'il
se présente, après leur départ, des acheteurs qui
n'aient pas eu connaissance de ce changement, ces
derniers retrouvent au moins la maison où était le
commerçant qu'ils venaient chercher, ils peuvent
s'adresser au locataire qui l'a remplacé, au concierge,
aux voisins pour se renseigner.

En cas d'expropriation, il en est tout autrement.
Le commerçant expulsé est obligé de chercher un
local à la hâte, de déguerpir au plus vite et de s'ins-
taller précipitamment dans un local nouveau. Il paye
plus cher : d'une part, parce que l'expropriation rend
les locaux, tout au moins provisoirement, plus rares,
et d'autre part, parce qu'il est très-pressé de trouver ;

il est obligé de choisir une boutique ou un magasin, sans avoir eu le temps de réfléchir aux bonnes ou mauvaises chances de l'avenir; il s'y installe à grands frais, sans être à même d'organiser convenablement son agencement intérieur; il fait connaître tant bien que mal, plutôt mal que bien, son déménagement forcé, certain d'avance que bon nombre de personnes qu'il désirerait en voir averties ne le seront pas.

Et si, comme cela arrive fréquemment, des rues entières disparaissent, si le quartier où il se trouvait est tout à coup bouleversé par l'expropriation, il se voit obligé d'aller au loin, d'abandonner le milieu dans lequel il vivait et prospérait, pour se jeter dans un milieu nouveau où il est inconnu et où d'autres commerçants de la même partie ont déjà une position acquise.

De ce changement brusque et hâté, de ce bouleversement dans ses habitudes intérieures, dans ses affaires et dans ses relations, que résultera-t-il? Personne ne le sait, ni l'expropriant qui le chasse, ni le jury qui apprécie l'indemnité à lui allouer, ni lui-même, car pour lui l'avenir est désormais incertain.

Sans doute il est possible que la fortune lui soit propice; mais il est possible aussi qu'elle lui soit funeste.

Tel commerçant qui dans un local restreint, sans

luxe, avec un agencement plus que médiocre, amassait chaque année un pécule dont il enrichissait sa famille, va peut-être se trouver gêné ou même ruiné dans un local nouveau, plus chèrement payé, plus luxueusement agencé, situé au milieu d'un quartier à l'aspect monumental et grandiose. Il sera obligé de changer ses habitudes commerciales; ses clients, non avertis pour la plupart du lieu où il s'est fixé, le chercheraient inutilement au milieu de rues transformées ou supprimées; ils ne se donneront pas cette peine et aimeront mieux faire des affaires avec un autre commerçant. Quant à lui, il sera contraint de refaire une maison, de courir les chances aléatoires d'une telle entreprise, alors peut-être que son âge et sa santé ne lui laisseront plus l'activité nécessaire. Aussi, quand l'expropriant taxera la demande d'exagérée et la flétrira de l'épithète de spéculation, quand il emploiera le sarcasme ou disséquera chacun des éléments de l'indemnité réclamée, l'exproprié aura le droit de lui répondre : « Je ne suis pas un spéculateur, car je ne demande rien si vous voulez me laisser le local que je possède, où je vis modestement de mon travail quotidien, où je fais mes affaires pour me préparer une aisance dans l'avenir, entretenir ma famille, élever mes enfants et remplir mes devoirs d'honnête homme. Je connais la valeur de ce que

vous m'enlevez, je ne sais pas ce que l'avenir me
réserve, et si plus tard je suis gêné dans mes affaires
ou ruiné dans ma fortune par le brusque changement que vous m'imposez, est-ce vous qui viendrez
me soutenir et me relever, qui réparerez le mal invo-
lontaire que vous m'aurez fait, et qui donnerez à mes
enfants la position que j'avais le légitime espoir de
leur laisser en me séparant d'eux à tout jamais? »

En présence de ces éventualités terribles, l'exproprié a bien le droit d'insister sur chacun des éléments
de l'indemnité qu'il réclame.

Ces éléments varient suivant la profession de
chaque exproprié, le prix et la durée du bail, etc.

Si le locataire n'exerce aucune profession, il a le
droit de demander une indemnité représentant la dépense du déménagement qu'il sera obligé de faire, le
prix des détériorations que ce déménagement peut
causer au mobilier, ainsi que les frais de réinstalla-
tion et d'agencement d'un nouvel appartement ;
enfin, s'il est établi que ce locataire avait un bail
avantageux, il pourra obtenir une indemnité calculée
sur la durée restant à courir du bail résolu par l'expropriation, indemnité représentant la différence
entre le prix de la location d'après ce bail, et le prix
que le locataire devra être obligé de payer pour se
replacer dans les mêmes conditions qu'autrefois.

Si le locataire exerce une profession pour laquelle
il ait besoin de se mettre constamment en rapport
avec le public, il a droit, non-seulement aux indemnités dont nous venons de parler, mais encore à une
indemnité pour le préjudice que son déplacement
forcé peut lui causer au point de vue de sa clientèle.
Comme médecin, avoué, agréé, ingénieur, chimiste,
architecte, etc., etc., il peut avoir un grand intérêt à
rester dans le local où il exerce sa profession depuis
longtemps.

Mais c'est surtout lorsque le locataire est industriel
ou commerçant que les éléments d'appréciation de-
viennent plus nombreux. Pour lui, l'expropriation
est une cause de grave préjudice ; elle peut même,
dans certaines circonstances, amener la perte complète d'une maison. Aussi le jury a-t-il raison de se
montrer large vis-à-vis des locataires de cette catégorie.

Ceux-ci ont évidemment le droit de réclamer :

1° *Remboursement des frais d'installation et
d'agencement du local exproprié :* Une indemnité
pour les frais d'installation et d'agencement des localités qu'ils sont obligés d'abandonner, sauf au jury à
déduire, du montant de ces frais, une somme com-

pensant la jouissance que le locataire en a eue jusqu'au moment de l'expropriation.

2° *Frais d'installation et d'agencement du local
nouveau :* Une indemnité pour les frais d'agencement et d'installation dans un nouveau local, de
transport de marchandises, etc.

3° *Frais de publicité :* Une indemnité pour les
frais de publicité à faire, dans le but de faire connaître
à tous le changement de domicile du négociant exproprié.

4° *Augmentation de loyer :* Une indemnité pour
l'augmentation de loyer que le locataire sera obligé
de supporter en changeant de maison, ladite indemnité calculée sur la durée qui restait à courir du bail
résolu.

5° *Perte de clientèle et d'achalandage :* Une indemnité pour la perte de la clientèle, de l'achalandage, etc., résultant du déplacement forcé du réclamant; ce dernier préjudice varie suivant la nature
du commerce et de la clientèle de chaque maison:
ainsi le commerce de détail, qui vit presque exclusivement, d'ordinaire, des achats faits par les pra-

tiques de passage ou du voisinage, perd beaucoup
plus, sous ce rapport, que le négociant en gros
dont une grande partie des affaires a lieu par corres-
pondance.

Sur tous ces points, on ne pourrait poser ni règles
absolues, ni principes généraux; on ne peut que men-
tionner les éléments laissés, le plus souvent, à l'appréciation du jury.

Observons, en terminant sur ce point, que le locataire doit faire des réserves pour les six mois de loyer
d'avance qu'il aurait payés au propriétaire, de telle
sorte que ce dernier ne puisse pas élever une fin de
non-recevoir contre la réclamation qui serait formée
plus tard à cet égard par le locataire exproprié.

Cas où l'indemnité est contestée. — Il nous paraît
utile de rechercher dans quels cas le principe de l'indemnité peut ou ne peut pas être contesté par l'expropriant.

Bail n'ayant pas date certaine. — L'Administration a-t-elle le droit de refuser toute indemnité au
locataire qui présente un bail ou un renouvellement
de bail n'ayant pas date certaine?

Pendant longtemps elle a soutenu avoir ce droit,
et nous devons dire que son système avait été tout

d'abord adopté par plusieurs arrêts de Cours impériales et de la Cour de Cassation [1]. On s'appuyait, dans cette opinion, sur les dispositions du Code Napoléon [2], d'après lesquelles l'acquéreur d'un immeuble a le droit d'expulser, sans indemnité, les fermiers ou locataires ne produisant ni un bail authentique, ni un bail sous seing privé ayant date certaine; on soutenait que l'expropriant, devenu acquéreur par suite de l'expropriation, avait, comme tout autre acquéreur, le droit d'user du bénéfice de la loi générale.

Mais cela n'était, suivant nous, conforme ni au droit ni à l'équité.

L'expropriant n'est pas un acquéreur ordinaire, et ne saurait avoir les mêmes droits.

L'acquéreur ordinaire ne s'impose à personne.

L'expropriant s'impose au propriétaire et au locataire.

En cas de vente, le locataire expulsé par l'acquéreur a son recours contre le propriétaire vendeur, et celui-ci se trouve couvert de l'indemnité qu'il pourra devoir au locataire expulsé par l'augmentation de

---

1. Cour de Paris : 16 mai 1854. — Cour de Lyon : 16 mars 1855. — Cour de Paris : 20 juillet 1858. — Cour de Cassation : 15 février 1860.
2. Art. 1328 et 1750.

prix qu'il aura obtenue de l'acquéreur, en ne l'obligeant pas à exécuter le bail sans date certaine.

En cas d'expropriation, au contraire, ou le propriétaire ou le locataire se trouveraient nécessairement frustrés dans leurs intérêts légitimes.

En effet, de deux choses l'une :

Ou bien le locataire pourrait, en usant de la loi générale, exercer un recours contre le propriétaire exproprié, et alors celui-ci serait lésé, puisque l'indemnité qu'il aurait à donner à son locataire sans bail ayant date certaine viendrait diminuer d'autant celle que lui allouerait le jury.

Ou bien le locataire n'aurait aucun droit ni vis-à-vis de son propriétaire exproprié, ni vis-à-vis de l'expropriant, et alors il serait ruiné par suite de l'expropriation, c'est-à-dire d'un fait complétement indépendant de sa volonté et qu'il ne pouvait empêcher.

Un tel résultat serait inadmissible comme constituant une iniquité flagrante.

Resterait donc l'autre résultat prévu par nous, c'est-à-dire l'obligation, pour le propriétaire, d'indemniser directement son locataire. Mais ici encore nous constatons une injustice telle, qu'elle ne peut évidemment être consacrée par la justice. Pour éviter cette injustice, le seul moyen serait de faire entrer

4

dans l'indemnité allouée par le jury au propriétaire le
montant de celle due par lui à son locataire, et nous
ne voyons pas en quoi il pourrait être utile à l'expropriant de refuser au locataire le droit de réclamer en
son nom personnel une indemnité devant le jury.

Nous sommes heureux de dire que, dans ces derniers temps, la jurisprudence s'est prononcée d'une
manière formelle en faveur du locataire [1], et nous
croyons devoir donner ici le texte d'un arrêt fort important de la Cour de Cassation.

Cet arrêt est ainsi conçu :

« Attendu que la loi du 3 mai 1841, en traçant les formes
et conditions de l'expropriation pour cause d'utilité publique, a voulu assurer, non-seulement aux propriétaires
expropriés, mais encore aux autres intéressés, notamment
aux locataires et fermiers, toutes les garanties d'une juste
et préalable indemnité ;

« Qu'il résulte des articles 29 et 39 de ladite loi que l'expropriant est substitué au propriétaire, quant à l'indemnité
due à raison de l'inexécution des baux, pourvu que la déclaration du propriétaire faisant connaître les droits des locataires et fermiers ait lieu dans les formes et délais voulus
par la loi ; qu'en effet l'article 21 de la loi précitée veut que
le propriétaire, dans la huitaine de la notification du jugement d'expropriation, appelle et fasse connaître à l'adminis-

---

1. Cour de Lyon : 7 août 1855. — Cour de Grenoble ; 30 août
1856. — Cour de Cassation : 17 avril 1861.

tration ses fermiers et locataires, et qu'à défaut de le faire,
il reste seul chargé envers eux des indemnités auxquelles ils
auraient droit; attendu qu'il résulte clairement de cette disposition que les propriétaires, en s'y soumettant, sont désormais affranchis des conséquences d'une dépossession qui ne
procède pas de leur fait, et que l'expropriant est tenu, en
leur lieu et place, d'indemniser comme ils auraient été obligés de le faire eux-mêmes, lesdits fermiers ou locataires, au
même titre et de la même manière, du préjudice résultant de
l'expropriation; attendu que ces dispositions spéciales de la
loi d'expropriation pour cause d'utilité publique dérogent,
en ce point, aux règles du droit commun, telles qu'elles sont
formulées aux articles 1328 et 1730 Code Napoléon; qu'il ne
suffit donc pas qu'un bail, à défaut d'enregistrement ou de
l'une des circonstances déterminées par la loi, n'ait pas date
certaine à l'égard des tiers, pour que l'expropriant soit dis-
pensé de l'obligation d'indemniser le fermier ou le locataire,
lorsque d'ailleurs ce bail a été passé de bonne foi et sans
fraude, ce qu'il appartient aux tribunaux d'examiner; attendu, en fait, qu'il est constaté par l'arrêt attaqué que le
bail et les droits du fermier Louvat avaient été dénoncés à
la compagnie expropriante dans les formes et délais prescrits
par la loi; qu'il est, de plus, déclaré par ledit arrêt que la
sincérité et la preuve du bail résultaient de tous les documents et circonstances de la cause; et que, dans cet état,
l'arrêt attaqué, en décidant que le bail de Louvat, quoique
non enregistré, pouvait être opposé à la compagnie expropriante, n'a pas violé les articles invoqués ni aucune autre
loi. »

Il faut donc reconnaître qu'en principe le locataire
qui présente un bail ou un renouvellement de bail
n'ayant pas date certaine peut néanmoins réclamer

à ce titre une indemnité, sauf au jury à apprécier la bonne foi du réclamant, en vertu de la disposition spéciale de la loi qui constitue le jury juge de la sincérité des actes produits et de l'effet des actes qui seraient de nature à modifier l'évaluation de l'indemnité [1].

Cependant, si l'expropriant déclarait formellement refuser au locataire le droit d'intervenir, le jury serait obligé d'accorder seulement une indemnité hypothétique en renvoyant la question du fond devant les tribunaux compétents.

Bail contenant abandon de tout recours pour le cas de démolition, vente ou échange. — On s'est également demandé si le locataire aurait droit à une indemnité dans le cas de clauses spéciales insérées au bail : par exemple, si le locataire s'était obligé à n'exercer aucun recours contre son propriétaire si ce dernier voulait démolir sa maison, la vendre ou l'échanger avec un autre immeuble, et faire immédiatement cesser la location.

La Cour de Cassation a décidé que, dans cette hypothèse, le locataire n'avait aucun droit à une indemnité [2]; mais nous devons dire que l'arrêt consacrant

1. Loi de 1841, art. 48.
2. Cour de Cassation : 13 mars 1861.

ce principe a été rendu par la Cour suprême à
une époque très-rapprochée de celle où elle refusait
tout droit à une indemnité au locataire qui présen-..
tait un bail n'ayant pas date certaine.

D'un autre côté, le tribunal civil de la Seine et la
Cour impériale de Paris se sont prononcés en faveur
du locataire; cette dernière opinion nous paraît la
seule admissible.

Ainsi que nous l'avons vu (page 60), il y a une
distinction capitale à établir entre la vente volontaire
et l'expropriation, entre la position du locataire vis-
à-vis de son propriétaire en cas de vente, et sa position vis-à-vis de l'Administration en cas d'expropriation.

Il ne saurait donc être permis à l'expropriant d'invoquer en sa faveur des conventions faites en dehors
de lui, et en prévision d'un cas tout autre que celui
qui se présente.

D'ailleurs, en fait, il peut y avoir pour le locataire
une grande différence entre la vente volontaire et
l'expropriation. En effet, la vente volontaire laisse
intactes les maisons environnantes dans lesquelles le
locataire évincé pourra trouver un local nouveau;
l'expropriation attaque le plus souvent, au contraire,
un nombre plus ou moins considérable de maisons,
soit dans la même rue, soit dans le même quartier,

4.

et rend par conséquent plus difficile, pour le locataire exproprié, la recherche de nouveaux locaux qui puissent lui convenir.

L'arrêt de la Cour de Paris qui consacre le système de droit soutenu par nous est ainsi conçu :

« En ce qui touche les conclusions subsidiaires de la ville de Paris, tendant à ce qu'il soit fait application à Bernardin et à Crest de la clause de leur bail, aux termes de laquelle, en cas de démolition, ils ne peuvent avoir aucun droit à aucune indemnité : attendu que cette clause ne peut avoir une autre portée et une autre interprétation que celles que les parties contractantes ont entendu lui donner; attendu qu'il est évident que cette clause n'a jamais eu pour objet, de la part des locataires, de renoncer à une indemnité pour le cas d'expropriation; qu'elle n'a été insérée au bail que pour exonérer le propriétaire, dont la maison était sujette à reculement, de toute action personnelle qui pourrait lui être intentée pour le cas où il serait tenu de reconstruire ; qu'à cet égard il ne peut y avoir de doute, puisque dans l'un de ces baux il s'engage à donner la préférence à son ancien locataire pour la boutique nouvelle qui serait reconstruite, et que l'autre est en date de 1848, à une époque, conséquemment, où il ne pouvait être dans les prévisions des parties contractantes qu'une expropriation pour cause d'utilité publique pourrait intervenir; attendu, dès lors, que l'on doit reconnaitre que, comme conséquence de l'expropriation, les baux de Bernardin et de Crest se sont trouvés annulés de plein droit; que la continuation de ces baux ne peut leur être imposée, et qu'ils sont fondés à réclamer le payement des indemnités hypothétiques fixées par le jury d'expropriation, à savoir : Bernardin, la somme de 20,000 fr., et Crest, la somme de 25,000 fr. »

Bail contenant abandon du droit à une indemnité pour le cas d'expropriation. — On a élevé encore la question de savoir si le locataire avait le droit de demander une indemnité devant le jury lorsque son bail stipulait, qu'en cas d'expropriation pour cause d'utilité publique, le contrat serait résilié sans indemnité.

La Cour de Paris s'est prononcée par plusieurs arrêts contre le locataire [1].

Un auteur, M. Daffry de la Mennoye, pense que la clause de résiliation sans indemnité ne peut être invoquée par l'expropriant qu'autant qu'elle est conçue en termes généraux et que rien n'en restreint au bailleur seul le sens et l'application [2].

Enfin la Cour de Rouen, la Cour de Paris elle-même et plusieurs auteurs accordent, dans tous les cas, au locataire le droit de demander une indemnité devant le jury [3].

1. Cour de Paris: 9 avril 1842; 24 décembre 1859; 24 février 1860.
2. N° 361.
3. Cour de Rouen : 12 février 1847.— Cour de Paris : 2 avril 1852. — Malapert et Prolat, n° 437. — Dufour, n° 150. — De Peyronny et Delamarre, n° 528.

Nous avons eu, pour notre part, l'honneur de
soutenir, en 1859, les intérêts d'un locataire devant
la Cour de Paris et, malgré les arrêts rendus en sens
contraire, nous croyons devoir persister dans notre
opinion.

Nous espérons avoir démontré plus haut que l'expropriant ne saurait invoquer le bénéfice des stipu-
lations faites par le propriétaire dans son intérêt
personnel. On comprend que le locataire ait pu
prendre l'engagement de ne réclamer aucune indemnité *à son propriétaire* en cas d'expropriation.
Mais on ne comprendrait pas qu'il eût d'avance re-
noncé à tout recours vis-à-vis d'un tiers (l'expropriant) qui n'est pas partie au contrat et dont le
propriétaire n'avait pas à prendre les intérêts.

Nous ne voyons qu'un seul cas où le locataire serait
dans l'impossibilité de réclamer aucune indemnité
devant le jury : ce serait celui où, par la convention,
le locataire se serait engagé, pour le cas d'expropriation, à n'exercer aucune action en indemnité ni
contre le propriétaire, *ni contre l'expropriant*.

Sans doute un locataire sans bail n'a pas le droit
de réclamer une indemnité au propriétaire qui lui
donne congé. Cependant la ville de Paris accorde
toujours une indemnité d'un ou de deux trimestres
lorsqu'elle donne congé pour cause d'expropriation.

A plus forte raison, le locataire avec bail peut-il réclamer le dommage que la Ville lui cause, sauf au jury à tenir compte de la situation que lui faisait son bail.

La Ville a prétendu, il est vrai, que ce n'était là qu'une générosité de sa part ; mais il a été reconnu que cette générosité était une véritable obligation.

VISITE DES LIEUX PAR LE JURY.

Lorsque la discussion est close, les jurés éprouvent souvent le besoin, pour s'éclairer, de visiter les lieux ou de les faire visiter par l'un ou par quelques-uns d'entre eux [1].

Cette visite a une très-grande importance pour ou contre les expropriés ; car, de l'impression que les jurés emportent de cette visite dépend le plus souvent l'allocation de l'indemnité. Aussi est-il vivement à désirer qu'il ne soit exercé aucune influence sur le jury pendant cette visite.

---

1. Loi de 1841, art. 37, § 3.

DÉLIBÉRATION DU JURY.

La discussion terminée, la clôture de l'instruction est prononcée par le magistrat directeur [1].

Les jurés se retirent immédiatement dans leur chambre, ou restent dans la salle d'audience après que cette salle a été évacuée par le public [2].

Ils délibèrent sans désemparer, sous la présidence de l'un d'eux, qu'ils désignent à l'instant même [3].

DÉCISION DU JURY.

Le jury est, en principe, parfaitement maître d'apprécier comme il l'entend le chiffre de l'indemnité à allouer à l'exproprié. Ainsi lorsque, dans le cas de prise de possession d'urgence, le tribunal a fixé la somme qui devait être consignée par l'expropriant pour la garantie des droits de l'exproprié, le jury peut néanmoins fixer une somme plus forte et, dans ce cas, l'expropriant doit consigner le supplément dans

1. Loi de 1841, art 38.
2. Loi de 1841, art. 38.
3. Loi de 1841, art. 38.

la quinzaine de la notification de la décision du jury, sinon le propriétaire peut s'opposer à la continuation des travaux [1].

D'un autre côté, nous avons déjà vu que le jury est juge de la sincérité des titres et de l'effet des actes qui sont de nature à modifier l'évaluation de l'indemnité [2].

Cependant il est certaines règles que le jury ne peut transgresser.

Ainsi, l'indemnité allouée ne peut être ni supérieure à la demande de l'exproprié ni inférieure aux offres de l'expropriant [3].

Elle doit être allouée en argent, à moins que l'exproprié, d'accord avec l'expropriant, n'ait consenti à être payé en d'autres valeurs [4].

Le jury ne saurait, par exemple :

Ni réserver les bois et récoltes à l'exproprié, si celui-ci n'a pas déclaré y consentir [5];

Ni lui attribuer des matériaux de démolition [6];

1. Loi de 1841, art. 74.
2. Loi de 1841, art. 48 et 52.
3. Loi de 1841, art. 39.
4. Cour de Cassation : 16 avril, 23 juin, 21 juillet, 29 juillet 1862.
5. Cour de Cassation : 16 avril, 29 juillet et 13 août 1862.
6. Cour de Cassation : 21 juillet 1862.

Ni imposer à l'expropriant certains travaux ayant pour objet la réparation totale ou partielle du préjudice causé par l'expropriation [1].

En effet, de telles allocations pourraient faire légitimement supposer que le jury les a prises en considération dans la fixation de l'indemnité et que, par conséquent, cette indemnité aurait été plus forte si rien n'avait été réservé à l'exproprié ou si aucun travail n'avait été imposé à l'expropriant.

Le jury doit statuer sur tous les objets compris dans le jugement d'expropriation, même sur ceux auxquels l'expropriant déclare renoncer, si l'exproprié n'accepte pas cette renonciation [2].

Il doit statuer sur tous les chefs de conclusions, soit en allouant une indemnité définitive, si l'expropriant ne conteste pas formellement le principe du droit de l'exproprié, soit en allouant une indemnité hypothétique, ou deux indemnités alternatives, suivant les cas, si ce droit est au contraire contesté. Ainsi, lorsque le propriétaire exproprié d'une portion d'immeuble requiert l'acquisition totale de sa propriété, le jury doit fixer deux indemnités alterna-

---

1. Cour de Cassation : 23 juin 1862.
2. Cour de Cassation : 23 décembre 1861.

tives : l'une pour le cas d'expropriation partielle ;
l'autre pour le cas de dépossession totale[1].

Le jury n'a pas compétence pour juger les questions
de droit dont la connaissance doit être renvoyée devant les tribunaux civils. Ainsi, lorsque l'expropriant,
tout en prétendant que l'indemnité réclamée par un
locataire n'est pas due, en ce que le bail n'est pas
sincère, fait cependant offre d'une indemnité qui ne
peut-être considérée comme sérieuse (un franc), le
jury ne doit pas allouer cette indemnité, évidemment
insuffisante si le bail est sérieux, et s'attribuer ainsi le
jugement d'une contestation sur le fond du droit ;
son devoir est de renvoyer la question devant les
juges compétents, tout en fixant l'indemnité qui serait due, dans le cas où le droit du locataire viendrait
à être reconnu[2].

Enfin, comme nous l'avons vu plus haut, il est
des cas nombreux où le jury doit prononcer, soit
des indemnités distinctes, soit des indemnités alternatives, soit des indemnités hypothétiques ou éven-
tuelles.

1. Cour de Cassation : 1er juillet 1863.
2. Cour de Cassation : 27 janvier 1863.

CINQUIÈME PÉRIODE

PÉRIODE POSTÉRIEURE A LA DÉCISION DU JURY.

FORCE EXÉCUTOIRE DONNÉE A CETTE DÉCISION PAR LE MAGISTRAT DIRECTEUR. — DÉPENS.

La décision du jury, signée des membres qui y ont concouru, est remise par le président au magistrat directeur, qui la déclare exécutoire, statue sur les dépens et envoie l'expropriant en possession de la propriété, à la charge par lui de payer au préalable l'indemnité allouée par le jury. Ce magistrat taxe les dépens[1].

Les dépens sont réglés de la manière suivante :

Si l'indemnité réglée par le jury ne dépasse pas l'offre de l'Administration, les parties qui l'ont refusée sont condamnées aux dépens.

Si l'indemnité est égale à la demande des parties, l'Administration est condamnée aux dépens.

1. Loi de 1841, art. 41.

Si l'indemnité est à la fois supérieure à l'offre de l'administration et inférieure à la demande des parties, les dépens sont compensés de manière à être supportés par les parties et l'Administration dans les proportions de leur offre ou de leur demande avec la décision du jury[1].

Lorsque le jugement a déterminé deux indemnités alternatives, par exemple : l'une pour le cas où un bail aurait telle durée ; l'autre pour le cas où cette durée serait plus longue, le magistrat directeur peut néanmoins statuer sur les dépens et ordonner qu'ils seront compensés d'après les bases ci-dessus énoncées.

Lorsque le jury fixe une indemnité hypothétique, par exemple, lorsque l'expropriant, déniant la qualité du réclamant, n'a fait aucune offre, il y a lieu de réserver les dépens, pour qu'il y soit statué en même temps que sur le fond du droit[2].

La taxe ne comprend que les frais faits postérieurement aux offres de l'expropriant, les frais des actes antérieurs demeurant, dans tous les cas, à la charge de l'expropriation[3].

1. Loi de 1841, art. 40.
2. Cour de Cassation : 1er mars 1843.
3. Loi de 1841, art. 41.

RECOURS CONTRE LA DÉCISION DU JURY.

La décision du jury est souveraine, en ce sens que les parties ne peuvent l'attaquer, en se plaignant de la manière dont le jury a fixé l'indemnité.

Seulement cette décision et l'ordonnance du magistrat peuvent être attaquées, dans le délai de quinze jours de la décision, par la voie du recours en cassation[1], dans le cas où les formalités prescrites par la loi n'auraient pas été observées.

Le pourvoi est formé par une déclaration au greffe du tribunal et notifié dans la huitaine à la partie adverse[2].

PAYEMENT DE L'INDEMNITÉ. — INTÉRÊTS. — DÉPENS.

Le payement de l'indemnité doit avoir lieu avant toute prise de possession[3].

Si cette indemnité n'est pas acquittée ou consignée dans les six mois de la décision du jury, les intérêts

1. Loi de 1841, art. 42.
2. Loi de 1841, art. 42 et 20.
3. Loi de 1841, art. 53.

courent de plein droit à l'expiration de ce délai.
Nous disons *acquittée* ou *consignée*, parce que si
l'indemnité est accordée par le jury d'une manière
hypothétique seulement, elle ne peut être acquittée
par l'expropriant; dans ce cas, elle doit être déposée
à la Caisse des consignations pour être délivrée à
l'exproprié, alors que son droit sera reconnu par la
justice.

De ces dispositions il résulte, en définitive, que
l'expropriant a un délai de six mois pour payer l'indemnité allouée par le jury.

Mais ce délai n'empêche pas que l'expropriant soit
débiteur de cette indemnité vis-à-vis du locataire à
partir du jour de la résiliation du bail; c'est là, comme
le dit avec raison un jugement du tribunal civil de la
Seine, un délai de grâce, et l'indemnité est due à
partir du jour de la résiliation du bail, alors même
que le locataire a été laissé en jouissance [1].

D'un autre côté, ce délai n'est pas applicable au
cas où l'expropriant a fait acte de possession, par
exemple, en donnant congé aux locataires de l'immeuble; l'indemnité est due à partir du jour même
de la prise de possession. Il en est ainsi encore bien
que, devant le jury, l'expropriant ait offert de payer

---

1. Tribunal de la Seine : 10 décembre 1864.

les intérêts de l'indemnité à partir du jour de la dépossession des expropriés et que cette offre ait été
acceptée par ceux-ci, une telle acceptation n'impli-
quant pas de leur part une renonciation à leur droit
d'exiger à la même époque le capital de l'indemnité[1].

Ce point est important à constater. Le payement
de l'indemnité doit toujours être antérieur à la prise
de possession ; par conséquent si l'expropriant, agissant prématurément, donne congé aux locataires
avant le règlement de l'indemnité par le jury, il doit
le capital au moment même de la prise de possession,
et ne peut, en proposant de tenir compte des intérêts,
payer le capital six mois seulement après la décision
du jury.

Par suite du même principe, le délai de six mois
n'est pas accordé à l'expropriant au cas où l'indemnité a été réglée par la voie de traité amiable. Dans
ce cas, le traité doit déterminer le point de départ des
intérêts. S'il garde le silence à cet égard, on doit
suivre les règles du droit commun : les intérêts sont
dus à partir du jour où la chose vendue a été livrée,
si cette chose produit des fruits ou revenus ; s'il y a

1. Cour de Paris : 16 décembre 1862.

sommation de payer, ils sont dus à partir de cette
sommation [1].

PRISE DE POSSESSION.

Aussitôt que l'indemnité est payée ou consignée,
l'expropriant a le droit de prendre possession.

Mais il ne peut s'emparer, bien entendu, que de
l'objet exproprié.

Si l'expropriant usurpait une parcelle de terrain
en dehors de celle expropriée, le propriétaire devrait
faire constater cette usurpation par le tribunal civil,
et faire fixer par lui l'indemnité nouvelle à laquelle
donnerait lieu cette usurpation. En effet, dans ce
cas, il n'y aurait pas, en réalité, expropriation pour
cause d'utilité publique et par conséquent le jury
spécial serait incompétent; il y aurait une voie de fait
constituant un fait dommageable et rentrant dans la
compétence des tribunaux ordinaires.

Nous devons faire remarquer qu'une telle demande
ne serait soumise qu'à la prescription de trente ans;
ici serait inapplicable la prescription d'une année
établie par la loi contre l'action en supplément de

1. Code Nap., art. 1152.

prix formée par le vendeur pour excédant de terrain
livré.

PROPRIÉTÉS EXPROPRIÉES POUR DES TRAVAUX PUBLICS ET NE RECEVANT PAS CETTE DESTINATION. — DROIT DE PRÉEMPTION AU PROFIT DES PROPRIÉTAIRES EXPROPRIÉS.

La loi a prévu le cas où des terrains acquis pour des
travaux publics ne recevraient pas cette destination.

Un avis de l'Administration fait connaître les terrains que l'expropriant est dans le cas de revendre.
Cet avis est publié de la même manière que l'avertissement donné collectivement aux parties intéressées
de prendre communication à la mairie du plan des
propriétés destinées à être expropriées [1].

Dans les trois mois de cette publication, les propriétaires ou leurs ayants-droit qui veulent réacquérir
la propriété desdits terrains, sont tenus de le déclarer; passé ce délai, ils perdent le privilége de
préemption [2].

Le prix des terrains rétrocédés est fixé à l'amiable,
et, s'il n'y a pas accord, par le jury dans les formes
adoptées pour les expropriations pour cause d'utilité

1. Loi de 1841, art. 61 et 6.
2. Loi de 1841, art. 61.

publique. En aucun cas, la fixation par le jury ne peut excéder la somme moyennant laquelle les terrains ont été acquis [1].

Dans le mois de la fixation du prix soit amiable, soit judiciaire, les propriétaires auxquels appartient le droit de préemption doivent passer le contrat de rachat et payer le prix ; après ce délai, ils perdent leur privilége [2].

Mais, tant que les parties se trouvent dans le délai déterminé par la loi, elles ont le droit d'accepter ou de refuser, et l'expropriant ne saurait faire résulter le refus du propriétaire de présomptions plus ou moins graves.

Ainsi, la renonciation ne saurait résulter de ce que le propriétaire aurait reçu l'indemnité fixée pour l'immeuble entier, sans faire aucune réserve, alors même qu'au moment de cette réception il prévoyait qu'une partie de l'immeuble exproprié ne serait pas employée aux travaux projetés [3].

Ainsi encore : la faculté accordée à l'Administration — lorsque, par suite d'alignement, un terrain vacant se trouve en dehors d'une propriété bâtie, — d'exproprier le propriétaire qui n'use pas de son droit

1 Loi de 1841, art. 61.
2. Loi de 1841, art. 61.
3. Cour de Cassation : 27 avril 1863.

de préemption sur le terrain vacant, ne peut être exercée qu'autant que le jugement qui prononce l'expropriation au profit de l'Administration constate en même temps, d'une manière précise, le refus du propriétaire de profiter de son droit de préemption. Et cette constatation ne résulte pas, d'une manière suffisante, de la simple énonciation du refus du propriétaire, sans indication ni de la substance, ni de la date de l'acte qui renfermait ce refus, alors surtout qu'il résulte des pièces produites que, sur la sommation qui lui a été faite par l'Administration, ce propriétaire n'a pas répondu par un refus, mais par une offre d'acheter sous certaines conditions[1].

Nous devons, en terminant, faire observer que le droit de préemption n'existe pas à l'égard des terrains acquis sur la réquisition du propriétaire, en vertu de la faculté que lui donne la loi de demander l'expropriation totale de son immeuble, dont une partie seulement est demandée par l'exproprié[2].

Dans ce cas, les terrains expropriés sur la réquisition du propriétaire peuvent être vendus par l'expropriant à qui bon lui semble, alors même qu'ils restent disponibles après l'exécution des travaux.

1. Cour de Cassation : 8 avril 1861.
2. Loi de 1841, art. 62.

TABLEAU

DE LA VALEUR DU MÈTRE DE TERRAIN

DANS LES 20 ARRONDISSEMENTS DE PARIS

D'après les décisions du Jury d'Expropriation de la Seine

(ANNÉES 1861-1862-1863-1864-1865[1])

PREMIER ARRONDISSEMENT.

			Prix du mètre.
Décembre	1861	Arbre-Sec (rue de l'), 21	370
Septembre	1863	Id., 23	360
Mars	1861	Cossonnerie (rue de la), 12	500
Septembre	1863	* Croix-des-Petits-Champs (rue), 28	360
—	—	Jean Lantier (rue)	270
—	—	Orfèvres (rue des)	270
Mars	1861	Saint-Denis (rue), 140	500
—	—	Id., 142	450
Décembre	—	Id., 189, 191 et 193	600
Septembre	1863	* Sébastopol (boulevard de), 17	500

DEUXIÈME ARRONDISSEMENT.

Septembre	1863	Beaurepaire (rue), 13 et 15	350
Décembre	1861	Cléry (rue de)	500

---

1. Le signe (*) indique que le terrain exproprié a été cédé à l'amiable par le propriétaire.

			Prix du mètre.
Décembre	1861	Jeûneurs (rue des), 22...............	250
—	—	Mail (rue du), 20 et 22.............	410
—	—	Id., 31.................... .	401
—	—	Montmartre (boulevard), 5............	1296
Mars	—	Richelieu (rue de), 85............ ..	400
Septembre	1863	Id., 87.................	700
—	—	Saint-Denis (rue), 14............	525
—	—	Saint-Marc (rue), 27 et 29..........	700
Mars	1861	Saint-Sauveur (rue), 97............	400
Septembre	1863	Sainte-Appoline (rue), 15..........	400
Décembre	1861	Sentier (rue du)............... .	500
—	—	Vivienne (rue), 15......	500

TROISIÈME ARRONDISSEMENT.

Septembre	1863	Beaumarchais (boulevard), 2..........	300
Décembre	1861	Id, 49....................	349
—	—	Enfants-Rouges (rue des), 3..........	156
Mars	—	Montmorency (rue de), 12...........	250
Septembre	1863	Notre-Dame-de-Nazareth (rue), 60......	280
Décembre	1861	Petits-Champs (rue des), 14..........	437
—	—	Saint-Gervais (rue), 7............	180
Septembre	1863	Saint-Gilles (rue), 1...............	300
Décembre	1861	Vert-Bois (rue du), 68 et 70.........	299

QUATRIÈME ARRONDISSEMENT.

Décembre	1861	Barres (rue des), 12...............	227
—	—	Beaubourg (rue), 6................	271

Prix du mètre.

Décembre	1861	Jean Beausire (impasse), 1.............	179
—	—	Jean Beausire (rue), 19..............	224
—	—	Neuve-Sainte-Catherine (rue), 25......	200
Mars	—	Pavée (rue) et des Rosiers...........	225
Décembre	—	Pecquay (impasse), 3...............	251
Mars	—	Saint-Antoine (rue), 150.............	300
—	—	Sainte-Croix-de-la-Bretonnerie (rue)....	275

CINQUIÈME ARRONDISSEMENT.

Septembre	1863	Censier (rue), 16, 16 *bis* et 16 *ter*......	70
—	—	Enfer (rue d'), 42.................	100
—	—	Id., 42 *bis* et 46....	150
Décembre	1861	Fer-à-Moulin (rue du), 6............	47
—	—	Harpe (rue de la), 12..	80
Septembre	1863	Irlandais (rue des).................	100
Décembre	1861	Lacépède (rue), 26.................	100
Mars	—	Saint-Germain (boulevard), entrée, 9, rue Hautefeuille , ...	110
—	—	Val-Sainte-Catherine (rue du), 18, entrée 16, Place Royale.................	175

SIXIÈME ARRONDISSEMENT.

Mars	1861	Austerlitz (rue d'), 38..............	90
Septembre	1863	* Barouillière (rue), 5...............	150
Mars	1861	Bréa (rue de) et boulevard Montparnasse..	75
Décembre	—	Cherche-Midi (rue du), 45...........	192

Prix du mètre.

Décembre	1861	Chevreuse (rue de), près le boulevard Montparnasse................	66
Mars	—	Id. et boulevard Montparnasse, 127..	60
Septembre	1863	Fleurus (rue de), 39, 41 et 43.........	200
Mars	1861	Id., 40.....................	100
Décembre	—	Montparnasse (boulevard), angle de la rue Stanislas.................	60
Septembre	1863	Id.........................	75
Décembre	1861	Id., 25.....................	109
—	—	Id., 103...................	75
—	—	Id., 105 ter.................	72
—	—	Id., 165 bis.................	109
Septembre	1863	Id. et rue Notre-Dame-des-Champs.	130
Mars	1861	Notre-Dame-des-Champs (rue) et carrefour de l'Observatoire.............	85
Décembre	—	Id., 45 et 85................	50
Mars	—	Observatoire (carrefour de l'), 6......	85
Septembre	1863	Princesse (rue), 5................	180
—	—	* Regard (rue du), 20.............	100
Décembre	1861	Vaugirard (rue de), 70............	146
—	—	Id., 129....................	65
—	—	Id., 161....................	102
Mars	—	Vavin (rue), nos pairs, et boul. Montparn.	75
Décembre	—	Vavin (rue), 11.................	135

SEPTIÈME ARRONDISSEMENT.

Décembre	1861	Bellechasse (rue de), 41 et 45........	198
—	—	Bourgogne (rue de), 22.............	202
—	—	Breteuil (avenue de), 4 et 9..........	60
—	—	Église (rue de l'), 7 et 9...........	60

Prix du mètre.

Décembre	1861	Église (rue de l'), 9, 11 et 13.....	56
Septembre	1863	Invalides (boulevard des), 15.........	100
Décembre	1861	Id., 33.........................	62
Mars	—	Id. et rue d'Estrées.............	60
—	—	Id. et avenue de Villars..........	60
Décembre	—	Malar (rue) et quai d'Orsay (angle des deux voies)....................	20
—	—	Saint-Dominique-Saint-Germain (rue), 43.	285
Mars	—	Id., 55......................	275
—	—	Id., 141.....................	100
Septembre	1863	* Id., 172....................	90
Décembre	1861	Id., 221 et 223	66
—	—	Ségur (avenue de), 51.............	20
Septembre	1863	Vanneau (rue), 88................	110
—	—	Varennes (rue de), 12............	250
—	—	* Verneuil (rue de), 46...........	200
Décembre	1861	Vierge (rue de la), villa Saint-Pierre....	48
—	—	Villars (avenue de), nos pairs, près la rue d'Estrées......................	40

HUITIÈME ARRONDISSEMENT.

Décembre	1861	Aguesseau (rue d'), 1...............	242
Mars	—	* Arcade (rue de l'), 20, 22, 26 et 52..	300
Septembre	1863	Beaujon (boulevard), 8.............	178
—	—	* Berry (rue de), 20...............	200
Décembre	1861	Id., nos impairs................	240
—	—	Id., id....................	200
—	—	Id., 23....................	228
Septembre	1863	Champs-Élysées (avenue des), 93 et 99..	500
—	—	Duras (rue) et rue du Faubourg-St-Honoré.	394
—	—	* Écuries d'Artois (rue des), 36........	200

Prix du mètre.

Septembre	1863	*Faubourg-St-Honoré (rue du), nos pairs.	200
Décembre	1861	Laborde (rue et place)...............	110
Septembre	1863	Marbœuf (rue), 64..................	196
—	—	Id.....................•........	250
Décembre	1861	Marché d'Aguesseau (rue du), 14 et 16..	263
Septembre	1863	*Montaigne (avenue), 79............	200
Décembre	1861	Penthièvre (rue de). 6...	252
—	—	Id., 23.....................	300
Septembre	1863	Id., 24.....................	271
Décembre	1861	Pépinière (rue de la), 75....	150
—	—	Id., 93.....................	232
Mars	—	Rocher (rue du), 35 et 37............	130
Septembre	1863	Id., 67...•...............	150
Décembre	1861	Id., 103..................	149
—	—	Roquépine (rue), 11.	150
—	—	Saint-Michel (rue), 3...............	353
—	—	Suresne (rue de), nos impairs	251
—	—	Id., 14...	268
—	—	Id., 18.....................	100
—	—	Id., 22.....................	196
—	—	Id., 41	100
—	—	Id., 42..................	162
Mars	—	Valois-du-Roule (rue de), 20.........	100

NEUVIÈME ARRONDISSEMENT.

Mars	1861	Blanche (rue), 59................	230
Décembre	—	Id. et angle rue de Boulogne......	222
—	—	Chaptal (rue), 21................	200
Mars	—	Clichy (rue de), 24................	250

Prix du mètre.

Mars	1861	Larochefoucauld (rue de), 46.	200
Décembre	—	Laval (rue de), 20................	142
Mars	—	Martyrs (rue des), 80..............	120
Décembre	—	Moncey (rue), entrée, 3, rue Blanche....	100
—	—	Id., 17......................	240
Septembre	1863	Montholon (rue de), 32..............	300
Mars	1861	Pétrelle (rue), 16..................	60
Septembre	1863	Id., 21 bis et 23.............	150
Mars	1861	Pigalle (rue), 34..................	150
Septembre	1863	*Saint-Lazare (rue), 7 et 9..........	300
—	—	Id., 36 et 38.................	400
—	—	Id., 101.....................	500
Mars	1861	Tour-d'Auvergne (rue de la), 36	140
Décembre	—	Id., 37......................	150

DIXIÈME ARRONDISSEMENT.

Décembre	1861	Buisson-Saint-Louis (rue du), 12, 24 et 26.	60
—	—	Butte-Chaumont (rue de la), 11........	52
—	—	Id., 13.......................	57
—	—	Château-d'Eau et de Lancry (rues du)..	298
Septembre	1863	Id., 37 bis..................	350
Décembre	1861	Château-Landon (rue du), 46.........	32
Septembre	1863	*Grange-aux-Belles (rue), 17 et 19. ...	80
Décembre	1861	Hautefeuille (rue), 66 et 68..........	315
Septembre	1863	*Magenta (boulevard) et rue Valenciennes.	380
Décembre	1861	Paradis-Poissonnière (rue du), 33......	315
Septembre	1863	Petites-Écuries (rue des), 11 et 46.....	350
Décembre	1861	Richerand (rue), 5.................	65
Mars	—	Saint-Martin (rue du faubourg), 62.....	300

Prix du mètre.

Décembre 1861 Saint-Maur (rue), 222................ 75

— — Id.. et rue Saint-Claude Villefaux... 75

— — Id., 244..................... 48

— — Id. et rue de la Chopinette....... 50

Septembre 1863 Saint-Maur-Popincourt (rue) et angle de la

rue de la Chopinette.............. 75

ONZIÈME ARRONDISSEMENT.

Septembre 1863 * Amandiers-Popincourt (rue des), 16... 30

Décembre 1861 Angoulême prolongée (rue d'), 90...... 75

Septembre 1863 Boulets (rue des), 65.............. 30

Décembre 1861 Charonne (rue de) et rue Keller........ 105

— — Id.. 134..................... 102

Septembre 1863 * Id., 152...................... 35

— — Chemin de ronde des Amandiers, 23.... 28

— — Chemin-Vert (rue du), 28 et 34........ 100

Décembre 1861 Crussol (rue de) et du Grand-Prieuré, 12

et 29.......................... 60

Septembre 1863 * Delaunay (impasse), 3.............. 20

Décembre 1861 Ferdinand (rue), 6 60

Septembre 1863 Id., 15 et 19................... 70

Décembre 1861 Ménilmontant (rue de), 152.......... 50

Septembre 1863 * Montreuil (rue de), 75............. 45

— — * Montreuil-Popincourt (rue de), 73.... 30

— — Muette-Popincourt (rue de la), 34...... 50

Décembre 1861 Orillon (rue de l'), 3, 7, 5........... 82

Septembre 1863 Id., 4....................... 70

— — Popincourt (rue de), 115............. 80

Mars 1861 * Id., 97...................... 100

Prix du mètre.

Décembre	1861	Rats (rue des), côté gauche	25
—	—	Id., entrée rue de la Roquette	30
—	—	Roquette (rue de la), 61	60
Septembre	1863	Saint-Bernard (impasse), 8	40
—	—	Saint-Bernard (rue), 42	80
Décembre	1861	Saint-Antoine (rue du Faubourg), 293	73
—	—	Saint-Maur (rue), 58	81
—	—	Id., 72	60
Septembre	1863	Id. et rue Saint-Ambroise	100
Mars	1861	Saint-Maur-Popincourt, 60	80
Décembre	—	Saint-Sabin (rue), 3	70
Septembre	1863	Trois-Couronnes (rue des), 15 et 17	40
Mars	1861	Id., 34	75

DOUZIÈME ARRONDISSEMENT.

Septembre	1863	*Beccaria (rue de)	60
Décembre	1861	Bercy (rue de), 26	40
—	—	Bercy-Saint-Antoine (rue), 11	40
—	—	Charbonniers (rue des), 9	35
—	—	Charenton (rue de), près le carrefour de Rambouillet	40
Septembre	1863	*Contrescarpe (boulevard de la), 10	70
Décembre	1861	Croix (rue de la), 37	15
Mars	—	Lyon (rue de), 57 et 59	200
Décembre	—	Id., 18	183
—	—	Id. et encoignure droite du passage d'Orient	153
Septembre	1863	*Meuniers (chemin des)	17
Décembre	1861	Moulins (rue des), 17	20

			Prix du mètre.
Décembre	1861	Picpus (rue), 45 et 47...............	25
—	—	Picpus (boulevard), 26...............	18
—	—	Rambouillet (carrefour de)......... ..	40
—	—	Reuilly (petite rue de), 7 et 9..........	48
—	—	Id. et carrefour de Rambouillet et de Charenton.................•.....	39
Septembre	1863	Id., 101....................	50
Décembre	1861	Trois-Chandelles (rue des)...........	20
—	—	Trou-à-Sable (rue du) et chemin de ronde de Charenton....................,.....	24
—	—	Vincennes (avenue de), vis-à-vis la ruelle Hennel.......................	76

TREIZIÈME ARRONDISSEMENT.

Décembre	1861	Anglaises-Dervilliers (rue des) et champ de l'Alouette.........................	30
Septembre	1863	Austerlitz (rue), Deux-Moulins.........	50
Décembre	1861	Bac (chemin du), côté des nos impairs....	21
—	—	Id., à 30 m. 70 c. de la route d'Ivry.	4
Septembre	1863	* Banquier (petite rue du), 5..........	28
Décembre	1861	Id., 10....................	15
—	—	Butte-aux-Cailles (rue de la), 35.......	20
—	—	Champ-de-l'Alouette (rue du)..........	18
—	—	Id. et du Petit-Champ............	30
—	—	Chemin de ronde d'Ivry et rues Godefroy et Villejuif......................	31
Septembre	1863	* Chevaleret (rue du), 41..............	24
Décembre	1861	Espérance (rue de l')................	16
Septembre	1863	* Fossés-Saint-Michel (rue des), 49......	40

QUATORZIÈME ARRONDISSEMENT.

			Prix du mètre.
Septembre	1863	Gaîté (rue de la), 8 et 16	50
—	—	*Id., 10	40
Décembre	1861	Id., 12 et 14	73
Septembre	1863	Id., 24	85
Mars	1861	Guilleminot (rue)	32
—	—	Méchain (rue de), 15 et 17	35
Décembre	—	Id., 21	35
—	—	Montparnasse (boulevard du)	60
—	—	Moulin-de-Beurre (rue du), 12	30
Septembre	1863	Id. et rue de la Gaîté, à Plaisance	33
Décembre	1861	Pépinière (rue de la), 88	45
—	—	Id., angle rue Neuve-de-la-Pépinière.	40
—	—	Id., et rue Roger	42
—	—	Procession (rue de la), à Vaugirard, 62	2
Septembre	1863	*Route militaire, à Plaisance	17
Décembre	1861	Schomer (rue), 23	35
Septembre	1863	Terrier-aux-Lapins (rue du), 38	60
Décembre	1861	Vanves (rue de), 30	50
Septembre	1863	Id. et rue du Chemin-de-fer	40
—	—	Id. et rue du Château-du-Maine	50
—	—	Id., en face le n° 19	20
—	— *	Id. et rue Sainte-Léonce, 67	50

QUINZIÈME ARRONDISSEMENT.

Septembre	1863	Bellart (rue), angle du chemin de ronde de Sèvres	30
Décembre	1861	Blomet (rue), Asile du Bon Repos	25
Septembre	1863 *	Id., 30	25

			Prix du mètre.
Septembre	1863	Blomet (rue), 34....................	40
—	—	* Id., et rue de Sèvres, 27.........	60
—	—	* Id., et rue Saint-Lambert, 41.....	60
—	—	* Id. et rue de l'Église et Fenoux....	30
Décembre	1861	Chemin de ronde du Maine............	49
—	—	Chemin de ronde de Vaugirard........	40
—	—	Desaix (rue) et avenue de Suffren......	20
Mars	—	Fourneaux (rue des) et de la Procession..	18
Décembre	—	Id., 25 et 27....................	25
—	—	Fourneaux (boulevard des), ancien che-	
—	—	min de ronde du Maine........	30
—	—	Id........................	37
Septembre	1863	Javel (quai de), 33..................	25
—	—	Kléber (rue), 4....................	37
—	—	* Id., 35 et 37....................	25
Décembre	1861	Lowendal (avenue de), 67...........	42
Septembre	1863	Maublanc et Saint-Nicolas (rues), 1......	30
—	—	*Meudon (boulevard de).............	30
Décembre	1861	Montparnasse (boulev. du) et r. de Sèvres.	80
Mars	—	Motte-Piquet (avenue de la), 56........	25
Septembre	1863	Id., 56 *bis*....................	35
Décembre	1861	Id., 58......................	35
—	—	Notre-Dame (rue), 29..............	14
—	—	Id., 32......................	6
Septembre	1863	Pétel (rue), 7....................	30
—	—	Saint-Lambert (rue), 41..............	20
—	—	Sèvres (rue de), angle de la rue de Ségur.	60
Mars	1861	Tournelles (rue des)................	7
—	—	Tournelles (petite rue des)...........	10

SEIZIÈME ARRONDISSEMENT.

Prix du mètre.

Décembre	1861	Assomption (rue de l'), n⁰ˢ impairs.....	35
—	—	Id., pairs	35
—	—	Basse (rue) et rue de l'Église..........	70
—	—	Bellevue (rue de) n⁰ˢ impairs et rue des Bouchers......................	125
—	—	Id. et avenue de Saint-Cloud........	125
Septembre	1863	Boileau (rue de).....................	40
Décembre	1861	Bouches (sente des)..................	25
Septembre	1863	* Bouchers (rue des), 6..............	50
—	—	*Boulainvilliers (rue des).............	35
—	—	Id. et rue des Vignes, n⁰ˢ pairs.....	70
—	—	* Croix-Boissière (rue de la) et rue de Lubeck	50
—	—	Demi-Lune (rue de la) et de Billancourt..	30
—	—	* Glacière (rue de la), à Passy, n⁰ˢ pairs..	35
Décembre	1861	Longchamps (boulevard de), 10........	60
Septembre	1863	* Montmorency (rue Neuve et boulev. de).	45
Décembre	1861	Planchette (rue de la), 9.............	6
—	—	Pompe (rue de la), 60...............	60
—	—	Sainte-Geneviève et chemin de Versailles.	100
—	—	Saint-Hippolyte (rue), n⁰ˢ impairs......	44
Septembre	1863	Tour (rue de la), angle de droite de la rue Saint-Hippolyte..................	50
—	—	Versailles (route de), 16, 33 et 37.....	60
Mars	1861	* Vignes (rue des)..................	15

DIX-SEPTIÈME ARRONDISSEMENT.

			Prix du mètre.
Décembre	1861	Acacias (rue des), 46..............	65
Septembre	1863	Balagny (rue)....................	60
Décembre	1861	Bénard (rue) angle de la rue d'Orléans..	100
Septembre	1863	Id., 38......................	100
—	—	Cardinet (rue), 3i................	50
—	—	Chartres (rue de), 18.............	100
Décembre	1861	Courcelles (rue de), nᵒˢ pairs.........	40
Septembre	1863	Id., 3......................	150
Décembre	1861	Id., 93.....................	50
—	—	Dames (rue des), 69.............	140
Septembre	1863	* Id., 53 et 116..............	100
—	—	* Étoile (rue de l'), angle du boulevard de l'Étoile.....................	100
—	—	Fournial (rue) et boulevard de Monceaux.	150
Décembre	1861	Havre (rue du), 10 et 12............	100
—	—	Lemercier (rue), 48..............	89
—	—	Levis (rue), angle de la rue de la Terrasse.	122
Septembre	1863	Lombard (rue), 14..............	50
		* Id., 19....................	40
		* Id., 35 ter................	42
Décembre	1861	Moines (rue des) nᵒˢ pairs...........	70
		Id., entre avenue de Clichy et rue Lemercier.................	68
		Id. et rues Lemercier et Notre-Dame.	80
Septembre	1863	Monceaux (boulevard de), 10 et 12......	200
—	—	Id. et rue Fournial.............	150

			Prix du mètro.
Septembre	1861	*Monceaux (boulevard de), 84.........	100
Décembre	1861	Notre-Dame (rue), 5	76
—	—	Paris (rue de) et de la Terrasse (angle des deux voies).....................	110
Septembre	1863	Promenade (place de la)..............	170
Décembre	1861	Id. (côté nord)	104
—	—	Id. et rue des Moines............	98
Septembre	1863	*Saint-Charles (rue), aux Ternes, 9....	50
—	—	Id., 13 et 15................	50
—	—	Saint-Claude (rue) et route de la Révolte.	50
—	—	*Saint-Étienne (rue), 42 et 44........	80
Décembre	1861	Id. et rue des Dames...........	90
Septembre	1863	*Saint-Louis (rue) et Notre-Dame	90
—	—	* Id. et rue d'Orléans............	135
—	—	Sainte-Marie (rue) et rue d'Orléans.....	140
Décembre	1861	Santé (rue de la), 29..............	60
Septembre	1863	Ternes (avenue des)................	100
—	—	Terrasse (rue de la) et rue de Paris.....	110
—	—	Villars (rue de), n^{os} pairs	150

DIX-HUITIÈME ARRONDISSEMENT.

Décembre	1861	Abreuvoir (rue de l'), 4..............	12
Septembre	1863	* Id., 6......................	22
—	—	Id. et angle de la rue des Saussayes.	40
Décembre	1861	Alger (rue d')	85
Septembre	1863	Id., 5.....................	90
—	—	Chabrol (rue de), 12, 14 et 16........	80
Décembre	1861	Chapelle (boulevard de la), 74, 76......	110

Prix du mètre.

Décembre	1861	Chapelle (boulevard de la), 80	75
Septembre	1863	* Chaussée des Martyrs, 23	100
—	—	Chemin de fer du Nord (rue du)	50
—	—	* Département (rue du)	40
—	—	Feutrier (rue), 29	90
—	—	Fontenelle (rue de), 7	70
—	—	Gabrielle (rue), 2	60
—	—	* Id., 14	67
—	—	* Id., 16	65
—	—	* Id., 25	60
—	—	Id., 27	80
—	—	* Jessaint (rue de), 6	50
Décembre	1861	Levis (rue de), place du Château-Rouge..	112
—	—	* Marcadet (rue), 98	65
—	—	* Id., 112	80
Septembre	1863	Militaire (rue), entre la rue du Poteau et	
		celle du Ruisseau	22
—	—	Notre-Dame (rue)	60
Décembre	1861	Poissonniers (rue des), 58	45
Septembre	1863	Id	36
Décembre	1861	Id., 80	40
—	—	Id., 74	61
—	—	Id., 56 et rue Doudeauville........	78
Septembre	1863	Id., et rue Neuve..............	87
—	—	Id., et angle de la rue des Portes-	
		Blanches	75
—	—	Portes-Blanches (rue des) et rue L......	40
Décembre	1861	Poulet (rue), 11	60
Septembre	1863	* Rosiers (rue des), 14	25
—	—	Ruisseau (rue du), 59	40
—	—	Saint-Denis (rue)	60
—	—	* Strasbourg (rue de), 7	40

<table>
<tr><td colspan="4" align="right">Prix du mètre.</td></tr>
<tr><td>Septembre 1863</td><td></td><td>Tourlaque (rue) et rue K</td><td>70</td></tr>
<tr><td>—</td><td>—</td><td>* Vertus (boulevard des), 30</td><td>80</td></tr>
<tr><td>—</td><td>—</td><td>Vierge (rue de la) et rue d'Aubervilliers..</td><td>40</td></tr>
</table>

DIX-NEUVIÈME ARRONDISSEMENT.

<table>
<tr><td>Décembre 1861</td><td></td><td>Alouettes (rue des), 4</td><td>16</td></tr>
<tr><td>—</td><td>—</td><td>Crimée (r. de), entrée rue d'Allemagne, 106</td><td>51</td></tr>
<tr><td>Septembre 1863</td><td></td><td>Fessart (rue), 36</td><td>50</td></tr>
<tr><td>Décembre 1861</td><td></td><td>Flandre (rue de), 49</td><td>70</td></tr>
<tr><td>Septembre 1863</td><td>*</td><td>Id., 101</td><td>40</td></tr>
<tr><td>—</td><td>—</td><td>* Havre (rue du), 4</td><td>50</td></tr>
<tr><td>—</td><td>—</td><td>* Meaux (rue de) et d'Allemagne</td><td>35</td></tr>
<tr><td>—</td><td>—</td><td>Id., 100 et 102</td><td>60</td></tr>
<tr><td>—</td><td>—</td><td>Mignottes (rue des)</td><td>30</td></tr>
<tr><td>—</td><td>—</td><td>Paris (rue de), 231</td><td>40</td></tr>
<tr><td>—</td><td>—</td><td>* Id., 289</td><td>20</td></tr>
<tr><td>—</td><td>—</td><td>Id., 293</td><td>30</td></tr>
<tr><td>—</td><td>—</td><td>* Prés-Saint-Gervais (r. des), 20, 22, 24, 26</td><td>40</td></tr>
<tr><td>—</td><td>—</td><td>* Saint-Denis (rue) et rue Thierry, 15</td><td>20</td></tr>
<tr><td>—</td><td>—</td><td>* Saint-Laurent (rue), 34</td><td>50</td></tr>
<tr><td>Décembre 1861</td><td></td><td>Seine (quai de la), 29</td><td>46</td></tr>
<tr><td>Septembre 1863</td><td></td><td>* Villette (rue de la), 2</td><td>40</td></tr>
<tr><td>—</td><td>—</td><td>* Saint-Vincent (rue), 13 et 15</td><td>35</td></tr>
</table>

VINGTIÈME ARRONDISSEMENT.

Prix du mètre.

Septembre	1863	*Amandiers (rue des), 66	30
Mars	1861	Augiaux (rue des).	4
—	—	Basses-Vignoles (rue des) et de Madame..	4
Septembre	1863	Bois (rue du).	4
Mars	1861	Id	15
Septembre	1863	*Cascades (rue des), 62	35
Décembre	1861	Champs (rue des)	10
—	—	Chemin neuf de Ménilmontant.	10
Septembre	1863	*Chevaliers (impasse des) et rue de la Duée.	16
Décembre	1861	Chine (rue de la), en face le n° 8.	15
Septembre	1863	Id., entrée Chaussée Ménilmontant..	20
Mars	1861	Clos (rue du), 9	4
Décembre	—	Delaître (rue) et rue des Panoyaux.	48
Septembre	1863	Duris (rue), 7.	50
—	—	Envierges (rue des), 31	20
—	—	Id. et ruelle d'Isly.	25
—	—	*Ermitage (rue de l').	20
Mars	1861	Fontarabie (rue de), 8 *bis*.	4
Septembre	1863	Haies (rue des).	4
Mars	1861	* Id., 50 et 87.	15
Septembre	1863	*Hautes-Gâtines (rue des), n^{os} pairs.	20
—	—	Id., et rue des Partants.	11
Décembre	1861	Lagny (rue de), 38.	20
—	—	Madeleine (place de la), angle de la rue	
		Saulger.	25
Septembre	1863	Montagnes (rue des), 117.	50
—	—	*Montreuil (boulevard de), 38.	30

6.

			Prix du mètre.
Décembre	1861	Panoyaux (rue des), 59	48
Septembre	1863	* Id., 60	35
Décembre	1861	Paris (rue de), 68	25
Septembre	1863	Piat (rue), 10	30
—	—	Quatre-Jardiniers (rue des), 5	11
Décembre	1861	Route départementale n° 12, de Paris à Neuilly	59
Septembre	1863	Route impériale n° 3, à Pantin	40
Décembre	1861	Saint-Germain (rue), angle de la rue Fontarabie.	32
Septembre	1863	* Id., 51	25
—	—	* Touzet (impasse), 9	12
Mars	1861	* Vincennes (rue de), 50	55

TABLEAU

DES PRINCIPALES INDEMNITÉS

Accordées par le Jury d'expropriation de la Seine pendant les années 1861, 1862, 1863, 1864 et 1865,

aux Industriels, Négociants et Commerçants.

ADRESSES DES EXPROPRIÉS.	BAIL		OFFRES	DEMANDES	ALLOCA- TIONS.
	DURÉE.	PRIX.			
	ans | mois				
ABATS (Marchands d').					
Rue du Temple............|	» | »	»	3,000	26,000 | 20,000	
AGENT D'AFFAIRES.					
r. de la Mare..............|	5 | 9	1,000	1,500	24,000	5,000
APICULTEUR.					
r. du Guignier............|	» | »	»	1,000	5,100	2,500
APPAREILLEURS DE GAZ (Voir GAZ).					
APPAREILS POUR MALADES (Fabricants d').					
r. Cocatrix, Constantine (prop.)|	1 | 6	670	1,500	7,300	2,000
ARGENT (Fondeur en).					
r. St-Christophe...........|	6 | 6	850	8,000	31,225	18,000
ARTICLES DE MÉNAGE (Marchands d').					
r. du Faubourg-St-Martin..+.|	1 | 3	1,600	5,000	28,200	12,000
ARTICLES DE PÊCHE (Voir PÊCHE).					
ARTICLES DE VOYAGE (Voir VOYAGE).					

ADRESSES DES EXPROPRIÉS.	BAIL			OFFRES	DEMANDES	ALLOCA-TIONS.
	DURÉE.		PRIX.			
	ans	mois				

BAINS (Établissement de).

r. St-Lazare	13	6	10,500	25,000	122,275	75,000
r. du Temple	13	9	10,000	80,000	470,000	225,000

BANDAGES (Fabricant de).

r. de la Cité	15	»	2,500	45,000	192,190	65,000

BIJOUTERIE.

r. Phélipeaux	1	3	500	3,000	26,500	5,000
r. Phélipeaux	5	6	1,000	1,500	24,000	6,000
r. du Temple	3	9	2,200	2,500	29,600	8,000
r. Beaubourg	»	9	1,000	1,500	21,730	10,000
r. des Fontaines	6	»	1,200	5,000	39,000	12,000
r. du Temple	4	»	1,200	9,000	36,000	15,000
place Maubert	7	9	1,100	6,000	39,000	15,000
r. Beaubourg	5	»	1,600	6,500	49,500	20,000

BLANCHISSEUR.

r. St-Christophe	1	6	700	1,500	18,650	3,000

BOIS (Marchands de).

r. de Madrid	6	3	8,500	4,250	115,000	30,000
r. de Clichy	3	»	12,000	30,000	497,000	75,000

BONNETIERS.

r. du Faubourg-St-Martin	»	9	400	2,000	14,600	5,000
r. du Faubourg-Montmartre	8	3	4,000	30,000	125,000	70,000

BOUCHERS.

r. de Paris	3	3	1,200	5,500	34,000	14,000
r. des Noyers	1	6	1,300	9,500	60,000	18,000
r. St-Lazare	1	6	1,700	12,000	70,000	18,000
r. des Noyers	7	»	1,200	12,000	32,000	21,000
place Maubert	11	3	3,000	16,000	70,000	25,000
r. Cocatrix	2	9	1,000	15,000	50,000	30,000

| ADRESSES DES EXPROPRIÉS. | BAIL | | OFFRES | DEMANDES | ALLOCA-TIONS. |
| | DURÉE. | PRIX. | | | |
	ans | mois				
BOUCHERS (Suite).					
r. d'Astorg................	5 | »	2,000	15,000	70,000	30,000
r. d'Arcole................	11 | »	1,800	20,000	90,000	42,000
r. Bleue..............	11 | »	4,000	33,000	228,000	120,000
BOULANGERS.					
r. des Marais.............	» | 3	2,400	4,000	60,000	20,000
r. des Noyers.............	2 | »	880	10,000	40,000	24,000
r. Jeannisson.............	1 | »	1,700	17,500	70,500	26,000
r. St-Honoré.............	13 | 3	5,300	20,000	98,200	30,000
place Maubert.............	7 | 9	1,500	18,000	68,000	32,000
r. de Clichy..............	3 | 5	2,500	18,000	60,000	40,000
r. St-Jacques	18 | 6	1,500	22,000	82,000	42,000
r. Rumford	6 | 6	2,800	20,000	85,000	45,000
r. Beaubourg.............	8 | 6	2,600	25,000	109,300	60,000
r. de la Cité.............	13 | 3	3,200	50,000	123,500	70,000
r. d'Arcole.............	7 | 3	2,500	70,000	178,000	110,000
BOUTONS (Fabricants de).					
r. Vert-Bois.............	3 | 9	500	1,000	25,000	5,000
r. des Fontaines...........	4 | 9	1,600	5,000	66,500	15,000
r. St-Martin..............	4 | 6	1,800	10,000	80,000	28,000
BOUTONS DE CORNE (Fabricants de).					
r. des Rigoles (propriétaire)...	» | »	»	10,000	92,500	25,000
cité St-Martin.............	3 | 3	600	3,600	19,600	6,000
BOUTS DE CANNES (Fabricant de).					
r. Vert-Bois.............	7 | 9	800	5,000	40,000	15,000
BROCANTEUR.					
r. St-Christophe...........	2 | 9	400	2,000	19,000	5,000
BRONZE (Monteur en).					
passage de l'Est (propriétaire).	» | »	»	2,100	14,500	4,000

ADRESSES DES EXPROPRIÉS.	BAIL — DURÉE. ans	mois	PRIX.	OFFRES	DEMANDES	ALLOCA- TIONS.
BROSSES (Fabricant de).						
r. du Faubourg-St-Martin	4	6	1,100	5,000	51,000	10,000
BUSCS (Fabricant de).						
r. St-Martin.............	4	»	1,000	4,000	32,000	10,000
CAFÉS EN GROS (Marchand de).						
r. St-Christophe..........	4	6	1,050	8,000	52,400	12,000
CAFETIERS (Voir aussi LIMONADIERS).						
r. St-Martin............	7	»	3,280	10,000	74,040	30,000
r. de Vaugirard..........	4	3	2,900	20,000	80,000	40,000
CARROSSIERS.						
r. de Valois............	»	»	»	12,000	62,000	25,000
r. N.-D.-de-Nazareth.......	2	6	2,600	15,000	140,000	50,000
CARTONNAGE (Fabricants de).						
r. Phélipeaux............	4	»	1,000	6,500	54,000	12,000
r. des Noyers............	7	3	2,100	6,000	37,500	15,000
CERCLE DU JEU DE PAUME.						
Chaussée-d'Antin.	6	3	8,567	20,000	170,795	50,000
CHALETS (Constructeur de).						
r. de Constantinople........	3	6	2,000	6,000	84,000	15,000
CHAPEAUX DE PAILLE (Fabricant de).						
r. du Temple.............	»	9	1,600	2,000	17,600	5,000
CHAPELIERS.						
r. du Temple.............	»	»	»	4,500	27,480	14,500
r. Phélipeaux.............	9	6	4,000	8,500	82,000	25,000
r. Neuve-des-Mathurins......	4	6	3,800	20,000	90,000	45,000

ADRESSES DES EXPROPRIÉS.	BAIL		OFFRES	DEMANDES	ALLOCATIONS.
	DURÉE.	PRIX.			
	ans | mois				

CHARBONS (Marchands de). Voir aussi BOIS (Marchands de).

r. Cocatrix...............	3	3	600	3,000	12,000	7,000
r. de la Licorne...........	5	9	1,000	2,500	12,000	8,000
r. Vert-Bois..............	8	»	1,200	5,000	17,000	8,000
r. N.-D.-de-Nazareth.......	12	9	800	5,000	30,000	12,000
r. Aumaire................	10	9	2,800	5,000	30,500	15,000

CHARCUTIERS.

place Maubert.............	9	»	1,400	15,000	65,500	28,000
r. Phélipeaux..............	6	»	2,400	15,000	72,600	36,000
r. Bleue..................	4	6	2,400	18,000	77,500	40,000
r. St-Lazare..............	15	3	2,200	25,000	86,000	40,000
r. Phélipeaux..............	7	9	2,320	8,000	75,500	45,000
r. d'Arcole...............	15	3	1,800	25,000	115,000	55,000

CHAUDRONNIERS.

r. des Fontaines...........	11	3	2,000	5,000	43,400	15,000
r. Buffault...............	11	»	2,000	10,000	67,500	20,000
r. Ste-Élisabeth...........	15	»	2,000	10,000	128,000	35,000

CHAUSSURES (Voir CORDONNIERS).

CHEMISES (Apprêteur de).

r. Volta...................	1	6	1,800	3,500	32,800	8,000

CHIFFONNIER.

r. de Valois...............	»	»	»	1,500	40,000	9,000

CISELEUR.

r. St-Christophe...........	3	9	280	1,000	10,880	2,500

CLOUTIER POUR CORDONNIERS.

r. St-Christophe...........	4	6	900	5,000	39,000	15,000

ADRESSES DES EXPROPRIÉS.	BAIL			OFFRES	DEMANDES	ALLOCA-TIONS.
	DURÉE.		PRIX.			
	ans	mois				

COIFFEURS.

r. St-Lazare.............	1	9	1,800	4,000	15,000	8,000
r. St-Christophe....... ...	7	3	500	2,500	14,100	8,000
r. Phélipeaux.............	9	6	1,000	4,000	20,000	9,000
r. St-Martin.............	2	3	1,430	4,000	29,000	15,000
r. du Rocher.............	7	3	1,000	9,000	54,000	18,000
r. du Temple.............	6	9	2,000	12,000	75,000	35,000

COMBUSTIBLES (Voir Bois, CHARBONS).

COMMISSIONNAIRES EN MARCHANDISES.

r. du Faubourg-St-Martin....	5	3	2,200	1,500	79,900	16,000

CONFECTIONS (Marchands de).

place Delaborde............	»	»	»	4,500	25,000	10,000
r. Phélipeaux.............	9	6	12,000	6,000	61,500	25,000

CONFISEUR.

Chaussée-d'Antin...........	6	6	2,800	20,000	130,195	45,000

CORDIERS.

place Maubert............	6	6	1,240	9,000	48,000	20,000
r. Phélipeaux.............	9	6	1,200	12,000	90,500	40,000

CORDONNIERS.

r. des Fontaines...........	5	3	750	3,000	36,000	5,000
r. St-Christophe...........	1	6	600	2,500	10,000	6,000
r. Beaubourg.............	8	6	1,200	4,100	21,500	10,000
r. St-Christophe...........	8	»	1,800	5,000	55,000	15,000
r. des Vertus	7	9	4,000	15,000	87,700	30,000
r. du Faubourg-Montmartre..	10	6	3,500	24,000	105,500	50,000

CORNE (Voir BOUTONS).

ADRESSES DES EXPROPRIÉS.	BAIL		OFFRES	DEMANDES	ALLOCA-TIONS.
	DURÉE. ans. | mois	PRIX.			

CORROYEURS.

r. des Trois-Canettes........	5	6	3,400	20,000	80,000	35,000
r. Jean-de-Beauvais........	3	»	»	15,000	80,000	55,000

COULEURS (Marchand de).

r. du Temple.......	8	»	3,500	15,000	74,700	35,000

CRÉMIERS.

r. des Marais.............	3	9	800	5,000	25,200	8,000
r. des Noyers	5	9	2,000	10,000	31,400	16,000
r. du Temple	11	6	1,900	7,000	90,000	25,000

CRISTAUX (Tailleur sur).

r. N.-D.-de-Nazareth........	6	9	600	1,500	28,000	8,000

CUIVRE (Fondeurs en).

r. de la Licorne...........	9	9	1,250	15,000	62,500	25,000
r. Ste-Élisabeth	16	»	5,000	16,000	175,000	45,000

DANSE (Professeur de).

r. Buffault.............	11	»	3,500	25,000	160,000	40,000

DÉMÉNAGEMENTS (Entrepreneur de).

cité St-Martin............	7	6	5,500	25,000	161,250	45,000

DENTISTE.

r. du Vert-Bois...........	6	»	700	2,000	31,000	8,000

DISTILLATEUR.

r. du Faubourg-St-Martin....	11	6	4,000	13,000	85,000	35,000

ADRESSES DES EXPROPRIÉS.	BAIL DURÉE. ans. / mois	PRIX.	OFFRES	DEMANDES	ALLOCA-TIONS.
DOREUR.					
r. Buffault	11 | »	2,300	4,000	25,000	20,000
DOREURS SUR MÉTAUX.					
r. des Fontaines	5 | 3	800	3,000	19,800	5,000
Idem.	5 | 3	1,200	4,000	28,000	6,000
Idem.	6 | 3	1,070	4,000	30,500	8,000
r. Phélipeaux	6 | 3	1,250	5,000	41,900	10,000
ÉBÉNISTES.					
r. St-Christophe	5 | 6	600	2,500	15,000	8,000
r. Phélipeaux	4 | 3	480	4,000	30,500	13,000
ENCADREURS.					
r. des Fontaines	» | 6	540	1,000	30,000	5,000
r. Phélipeaux	7 | 6	800	3,000	28,000	8,000
ENTREPOSITAIRE.					
r. du Faubourg-St-Martin	4 | 3	6,000	25,000	195,000	65,000
ÉPICIERS.					
r. de Paris	1 | 3	800	2,500	24,500	7,000
r. de Laborde	5 | 3	800	6,500	53,000	12,000
imp. Ste-Marine	6 | 3	1,500	17,000	27,500	12,000
r. du Vert-Bois	3 | 9	1,300	6,000	38,000	15,000
r. des Noyers et des Anglais	4 | 9	1,250	10,000	30,421	15,000
r. de Perpignan	4 | 3	1,850	9,000	38,000	16,000
r. des Noyers et Lavandières	6 | 6	1,400	8,500	32,800	18,000
r. St-Christophe	14 | 6	1,500	12,000	56,500	20,000
r. Bleue	6 | »	1,400	8,000	40,000	20,000
r. St-Martin	2 | 6	1,500	8,000	45,000	25,000
r. des Vertus	5 | »	1,650	10,000	46,000	27,000
r. Neuve-des-Mathurins	8 | 3	1,580	15,000	58,000	28,000
r. du Faubourg-St-Martin	6 | 3	2,300	15,000	62,000	30,000
r. Neuve-des-Mathurins	8 | 1	2,800	18,000	64,000	30,000
r. du Temple	6 | 6	3,100	14,000	83,500	35,000
r. Bleue	11 | 3	1,800	15,000	65,000	38,000
r. du Rocher	7 | »	3,900	35,000	200,000	70,000

ADRESSES DES EXPROPRIÉS.	BAIL		OFFRES	DEMANDES	ALLOCA- TIONS.
	DURÉE. ans. | mois	PRIX.			
ESTAMPEUR.					
r. du Vert-Bois............	4 | 6	470	2,000	25,500	12,000
ÉTALAGES (Fabricant d').					
r. du Temple...............	13| 9	3,045	12,000	74,200	22,000
FAÏENCIERS.					
r. St-Jacques...............	2| 3	300	3,006	31,550	3,000
r. d'Arcole...............	2| 3	800	2,000	20,000	6,000
r. Cocatrix...............	10| 6	1,400	6,000	60,000	28,000
r. Phélipeaux...............	5| »	1,400	10,000	128,850	40,000
FERS (Fabricants de).					
r. des Marais...............	2| 6	1,200	5,000	88,800	15,000
Idem...................	2| 6	1,200	5,000	88,000	50,000
r. Phélipeaux...............	11| 3	7,365	54,000	450,000	130,000
FERBLANTIERS.					
r. Phélipeaux...............	4| »	2,800	2,500	40,000	6,000
r. de Perpignan............	2| 3	1,300	3,000	38,500	10,000
r. des Fontaines............	6| »	3,000	10,000	95,000	50,000
FLEURISTE (Voir JARDINIER).					
FLEURS ARTIFICIELLES (Fabricant de).					
r. du Temple...............	1| 3	1,100	550	12,000	2,000
FONDEUR EN ARGENT (Voir ARGENT).					
FORMES (Fabricant de).					
r. de Constantine............	5| 3	1,100	4,500	30,000	12,000

ADRESSES DES EXPROPRIÉS.	BAIL			OFFRES	DEMANDES	ALLOCATIONS.
	DURÉE.		PRIX.			
	ans.	mois				

FOURNEAUX (Fabricant de).

| r. Montholon............. | 1 | 9 | 3,200 | 9,000 | 60,000 | 35,000 |

FRIPIERS.

»	8	»	350	6,000	34,000	17,556
»	7	6	375	6,000	54,000	18,000
»	8	»	365	8,000	44,000	20,000
»	7	9	425	7,000	45,000	20,618
»	8	3	420	7,000	95,500	21,665
»	8	»	482	9,000	51,000	22.052
»	8	»	550	10,000	40,000	26,588
»	7	9	875	23,000	97,900	52,696

FRITURES (Marchand de).

| r. de la Cité............. | 9 | 3 | 900 | 3,500 | 15,000 | 5,000 |

FROMAGES (Marchands de).

| r. Volta................. | 7 | 6 | 1,200 | 4,000 | 33,850 | 15,000 |
| place Maubert............ | 11 | 9 | 1,400 | 12,000 | 57,000 | 28,000 |

FRUITIERS.

r. du Vert-Bois...........	»	6	1,000	1,000	18,000	4,000
r. des Vinaigriers.........	4	9	700	4,500	24,400	10,000
r. St-Martin.............	6	6	1,200	3,000	21,150	10,000

GAZ (Appareilleurs de).

r. St-Maur-Popincourt.......	10	6	1,300	2,000	19,500	4,000
r. du Faubourg-St-Martin....	4	3	1,100	5,000	51,000	10,000
Idem..................	6	9	6,765	40,000	330,000	120,000
r. Ste-Elisabeth..........	»	»	»	60,000	754,000	300,000

GLACES (Marchand de).

| r. du Faubourg-Montmartre.. | 1 | 9 | 2,300 | 10,000 | 68,900 | 20,000 |

ADRESSES DES EXPROPRIÉS.	BAIL		OFFRES	DEMANDES	ALLOCA-TIONS.
	DURÉE.	PRIX.			
	ans. | mois				

GRAINETIERS.

»	4	9	1,500	6,000	45,500	12,000
r. St-Jacques..............	»	3	900	900	35,500	15,000

HABITS (Marchands d').

r. Phélipeaux...............	5	»	3,600	5,000	46,800	15,000
r. du Faubourg-St-Martin.....	8	3	2.500	8,000	70,000	20,000
r. du Rocher et de la Pépinière..	6	3	2,500	7,000	66,500	20,000
r. du Temple..............	»	»	»	6,000	47,150	24,000

HERBORISTES.

r. du Vert-Bois	»	6	600	1,200	12,700	6,000
r. d'Arcole	11	»	1,500	9,000	53,000	25,000

HOTELS MEUBLÉS OU GARNIS (Voir aussi LOGEURS).

r. du Faubourg-St-Martin....	1	9	2,000	7,500	30,000	10,000
r. Royer-Collard...........	5	»	2,500	8,000	42,500	12,000
r. des Trois-Cannettes......	»	»	»	8,000	22,000	12,500
r. de la Licorne...........	6	6	3,600	5,000	38,000	18,000
r. de Vaugirard...........	12	»	1,850	10,000	35,000	18,000
r. Cocatrix ...., ...	7	9	2,600	10,000	40,000	20,000
r. de Constantine..........	5	3	5,000	15,000	90,000	30,000
r. Buffault...............	11	»	6,000	16,000	88,500	35,000
r. du Faubourg-Montmartre..	8	3	13,100	40,000	200,000	80,000

HORLOGERS.

r. des Marais.............	4	»	800	4,000	48,000	10,000
r. de la Cité..............	7	»	1,800	8,000	36,900	15,000
r. de la Pépinière.........	»	»	700	5,000	45,000	20,000
r. du Faubourg-St-Martin....	2	9	2,550	10,000	97,700	35,000

HORTICULTEUR.

r. de Robinson...........	6	»	300	5,000	80,000	16,000

ADRESSES DES EXPROPRIÉS.	BAIL			OFFRES	DEMANDES	ALLOCA-TIONS.
	DURÉE.		PRIX.			
	ans.	mois				

IMPRIMEURS (Voir aussi LITHOGRAPHES).

r. du Faubourg-Poissonnière..	4	»	1,350	3,500	28,900	12,000
r. Ste-Elisabeth............	9	6	1,500	7,000	65,500	15,000
r. des Noyers et place Maubert..	1	6	1,200	11,500	60,000	15,000
r. Jean-de-Beauvais.	3	»	»	12,000	50,000	25,000

INSTITUTIONS.

chaussée de Ménilmontant.....	6	»	500	3,000	20,000	6,000
r. Royer-Collard...........	3	»	1,800	5,000	35,000	15,000
r. Ste-Catherine...........	»	9	2,000	6,000	70,000	15,000
r. des Dames.............	5	6	900	6,000	70,880	24,000
r. Ch.-d'Antin et pass. Sandrié.	2	3	3,000	8,000	65,000	30,000
r. d'Arcole.............	10	3	1,500	10,000	63,000	32,000
r. du Temple.............	2	3	5,400	12,000	80,000	35,000
r. Bleue...............	12	»	1,398	22,000	77,000	•40,000
r. Caumartin et Boudreau et Trudon.................	12	3	13,000	5,000 / 17,000	240,000 / 187,800	180,000 / 50,000
r. de Paris.............	9	9	9,000	33,000	260,000	85,000

JARDINIER FLEURISTE.

r. du Ratrait.	6	»	650	7,000	31,800	8,000

JOUETS (Fabricants de).

r. Phélipeaux............	4	»	650	5,500	24,400	9,000
r. des Fontaines..........	6	»	4,970	20,000	144,500	50,000

LAMINEUR DE MÉTAUX.

r. des Trois-Cannettes.......	6	»	1,800	15,000	66,000	28,000

LAMPES (Fabricant de).

r. St-Jacques.............	7	6	»	12,000	70,000	30,000

LANTERNES (Fabricant de).

r. St-Christophe...........	3	6	600	5,000	43,500	15,000

ADRESSES DES EXPROPRIÉS.	BAIL			OFFRES	DEMANDES	ALLOCA-TIONS.
	DURÉE.		PRIX.			
	ans.	mois				

LAVOIRS.

r. St-Étienne............	»	»	»	27,000	80,000	40,000
r. du Vert-Bois	7	6	6,000	36,000	183,900	100,000

LIBRAIRES.

r. St-Jacques	9	6	1,740	5,000	33,000	10,000
r. de Vaugirard..........	3	6	1,000	5,000	34,500	15,000

LIMONADIERS (Voir aussi CAFETIERS).

r. Phélipeaux.............	9	6	1.200	5,000	28,000	15,000
r. Cardinet	4	3	650	6,000	47,000	20,000
r. Phélipeaux.............	6	3	2,800	4,500	47,482	20,000
r. du Rocher et de la Pépinière.	6	»	3,500	15,000	60,000	25,000
r. Cardinet	5	3	1,800	10,000	42,200	25,000
r. Volta.................	1	6	2,200	8,000	67,500	30,000
r. du Temple.	5	»	4,000	15,000	75,169	30,000
r. du Mont-Blanc..........	10	»	12,500	30,000	125,000	60,000
r. d'Arcole.............	6	9	2,750	24,000	104,078	70,000

LINGERS.

r. du Faubourg-Montmartre...	2	3	2.200	10,000	47,500	20,000
r. Cocatrix et de Constantine ..	7	3	1,800	10,000	45,000	25,000

LIQUORISTES.

r. Phélipeaux.............	8	»	2,000	6,000	50,000	25,000
place Maubert.............	10	»	1,220	12,000	50,000	25,000
r. de Vaugirard.	7	9	2,200	15,000	106,000	30,000

LITHOGRAPHES (Voir aussi IMPRIMEURS).

r. Beaubourg.............	1	9	1,000	5,000	34,000	10,000
r. du Faubourg-St-Martin	10	3	1,060	4,500	33,000	12,000
r. Cadet.................	17	»	»	12,000	67,500	40,000

ADRESSES DES EXPROPRIÉS.	BAIL		OFFRES	DEMANDES	ALLOCA-TIONS.
	DURÉE. ans. | mois	PRIX.			

LOGEURS EN GARNI (Voir aussi FROMAGES et HOTELS MEUBLÉS ET GARNIS et VINS (Marchands de).

r. du Temple	5	»	3,210	1,500	24,300	3,000
r. de la Licorne	8	»	2,000	6,000	30,000	10,000
Idem	3	9	2,600	8,000	32,000	12,000
r. Perpignan..............	4	6	1,000	5,500	28,000	12,000
r. Cocatrix...............	4	3	1,400	3,000	20,700	12,000
r. des Vertus	1	9	3,000	5,000	37,500	15,000
r. de la Cité	7	.6	3,000	7,000	35,000	20,000
r. St-Christophe...........	14	6	6,000	10,000	43,000	20,000
r. des Trois-Canettes.	15	3	2,500	11,000	53,156	22,000

LOUEUR DE PIANOS.

r. St-Lazarre.............	2	9	2,400	6,000	40,000	12,000

LOUEURS DE VOITURES.

Impasse et passage Sandrié ...	1	9	12,000	40,000	450,000	230,000
r. Basse-du-Rempart........	11	3	37,000	140000	800,000	430,000

LUNETTES (Fabricant de). Voir aussi OPTICIEN.

r. des Cascades.............	8	9	750	3,100	14,740	5,000

MACHINES A COUDRE.

r. Saint-Christophe	8	9	800	3,500	19,000	8,000
r. d'Arcole...............	7	»	2,500	10,000	84,000	25,000

MAÇONNERIE (Entrepreneurs de).

»	8	9	500	2,000	25,000	3,000
r. Saint-Christophe.........	5	6	1,000	6,000	24,900	12,000
r. Basse-du-Rempart........	6	»	8,580	15,000	90,000	50,000

MANÉGE.

r. Faubourg-Montmartre	»	»	»	45,000	238,000	130,000

ADRESSES DES EXPROPRIÉS.	BAIL		OFFRES	DEMANDES	ALLOCA-TIONS.
	DURÉE. ans. | mois	PRIX.			

MARQUETERIE (Fabricant de).

| r. des Fontaines.......... | 2 \| 6 | 600 | 2,000 | 11,000 | 5,000 |

MÉCANICIENS.

r. Phélipeaux...............	1 | 9	700	2,000	41,000	8,000
r. du Vert-Bois............	5 | 9	800	4,000	31,500	12,000
Cité Saint-Martin..........	» | »	»	15,000	170,000	30,000

ARTICLES DE MÉNAGE (Voir ARTICLES).

MENUISIERS.

r. Cocatrix................	4 | 3	900	3,000	21,000	7,000
r. de Clichy	9 | 3	1,660	15,000	57,000	25,000
r. des Marais..............	4 | 6	1,150	15,000	85,000	35,000

MERCIERS.

r. des Dames...............	5 | »	600	4,500	30,975	15,000
r. Faubourg-Saint-Martin	1 | 6	800	5,500	21,500	15,000
r. d'Arcole	9 | 6	800	6,000	37,000	17,000
r. de la Pépinière	13 | 6	1,200	3,000	45,900	18,000
r. Faubourg-Montmartre.....	4 | 6	1,600	10,000	45,000	25,000
r. des Noyers	9 | 9	2,200	14,000	28,000	23,000

MEUBLES (Marchands de).

r. Saint-Christophe	4 | 6	600	5,000	20,600	9,000
r. des Fontaines	5 | 9	1,800	6,400	52,300	12,000
r. Neuve-des-Mathurins et rue Caumartin	2 | »	1,680	5,000	45,538	17,000

MONTEURS (Voir BRONZE).

MOULURES (Fabricant de).

| r. des Fontaines .... | 5 \| 9 | 2,250 | 7,000 | 66,000 | 15,000 |

NÉCESSAIRES (Fabricant de).

| r. Volta................... | 3 \| 6 | 1,000 | 3,000 | 44,800 | 12,000 |

7.

ADRESSES DES EXPROPRIÉS.	BAIL					
	DURÉE.		PRIX.	OFFRES	DEMANDES	ALLOCATIONS.
	ans.	mois				

NOTAIRES.

r. de la Chaussée-d'Antin....	7	6	7,000	7,000	49,000	35,000
r. d'Arcole..............	3	»	3,400	25,000	98,000	40,000

NOUVEAUTÉS (Marchand de).

r. Saint-Lazare...........	4	6	13,500	200000	1,107000	850,000

OPTICIEN (Voir aussi Fabricant de Lunettes).

r. de Vaugirard...........	3	9	1,000	5,000	34,000	15,000

ORFÉVRE.

r. Saint-Christophe........	9	3	3,300	20,000	88,000	40,000

OUTILS DE TANNEUR (Fabricant d').

r. de la Licorne...........	6	3	1,040	6,000	46,000	12,000

OUTILS A DÉCOUPER (Fabricant d').

r. des Fontaines..........	6	3	1,200	5,000	55,000	10,000

PAIN D'ÉPICES (Marchands de).

r. Saint-Christophe........	2	6	800	1,500	10,500	4,000
r. du Vert-Bois...........	12	»	3,800	40,000	182,500	100,000

PAPETIERS.

r. du Vert-Bois............	12	6	5,000	12,000	87,600	36,000
r. Faubourg-Saint-Martin.....	6	9	3,000	12,000	127,000	40,000
r. Chaussée-d'Antin........	10	»	10,000	30,000	610,246	180,000

PARAPLUIES (Marchand de).

r. Neuve-des-Mathurins et rue Caumartin............	7	»	1,500	6,000	35,000	20,000

PARFUMEUR.

Passage des Deux-Sœurs.....	11	»	2,800	25,000	154,000	45,000

ADRESSES DES EXPROPRIÉS.	BAIL			OFFRES	DEMANDES	ALLOCATIONS.
	DURÉE.		PRIX.			
	ans.	mois				

PATISSIERS.

r. de la Cité............	4	»	3,000	8,000	38,000	15,000
r. Phélipeaux.............	3	»	1,200	3,000	45,400	20,000
r. du Rocher.............	4	6	1,800	7,000	44,163	20,000
r. d'Arcole..............	4	9	1,500	10,000	52,000	25,000
r. Faubourg-Saint-Martin....	7	6	1,800	8,000	40,250	25,000

PÊCHE (Fabricant d'ARTICLES DE).

r. Saint-Martin...........	7	3	1,600	8,000	45,000	20,000

PEIGNES (Fabricant de).

r. Phélipeaux,............	6	»	600	5,000	40,825	8,000

PEINTURE (Entrepreneur de).

r. Phélipeaux..............	9	»	3,400	15,000	93,500	35,000

PEINTURE-SUR FAÏENCE.

r. des Marais.............	4	»	1,200	8,000	40,150	18,000

PENSIONS (Voir INSTITUTIONS).

PERLES (Fabricants de).

r. du Temple.............	1	6	700	1,500	40,500	6,000
r. Phélipeaux	9	»	800	3,000	20,200	8,000

PHARMACIENS.

r. de Clichy	4	9	1,000	9,000	45,000	18,000
r. Cadet.................	1	»	2,500	8.000	60,000	25,000
r. des Dames.............	9	6	1,075	12,000	44,500	25,000
r. du Rocher.............	4	6	1.500	8,000	45,000	25,000
r. Saint-Jacques...........	4	»	»	12,000	60,000	30,000
r. Faubourg-Saint-Martin	7	6	2,600	15,000	68,000	30,500
r. Saint-Jacques...........	4	»	4,000	20,000	112,000	50,000

ADRESSES DES EXPROPRIÉS.	BAIL		OFFRES	DEMANDES	ALLOCA-TIONS.
	DURÉE.	PRIX.			
	ans. | mois				

PHOTOGRAPHES.

r. d'Arcole...............	11 | 6	900	6,000	52,000	20,000
r. du Temple.............	» | »	»	6,000	68,000	40,000

PIANOS (Voir Loueur de).

PLANCHES A BOUTEILLES (Fabricant de).

r. de la Licorne...........	5 | 9	1,300	5,000	39,000	12,500

PLOMBIER.

r. de Buffault......... ...	11 | »	6,000	25,000	127,000	60,000

PORCELAINES (Marchand de).

r. Miromesnil.............	4 | »	2,200	17,000	25,000	17,000

PORCELAINES (Monteur en).

r. Faubourg-Saint-Martin.....	7 | 9	2,200	7,000	50,000	15,000

PORTEFEUILLES (Fabricants de).

r. Phélipeaux.............	6 | 3	1,000	4,000	32,000	10,000
Id.	9 | »	1,400	5,000	44,000	15,000

PRESSES MÉCANIQUES (Fabricant de).

r. du Plâtre.............	11 | 3	»	20,000	102,770	35,000

QUINCAILLIERS.

r. Phélipeaux.............	9 | »	3,500	11,000	66,050	40,000
r. du Vert-Bois...........	5 | 9	4,000	12,000	92,000	40,000
r. des Trois-Canettes........	» | »	»	25,000	129,000	55,000
r. Beaubourg.............	7 | 6	3,500	15,000	116,000	56,000
r. Phélipeaux.............	2 | 6	7,000	15,000	225,000	60,000

RESTAURATEUR.

r. de la Licorne	» | 6	1,100	1,800	35,000	6,000

| ADRESSES DES EXPROPRIÉS. | BAIL | | OEFRES | DEMANDES | ALLOCATIONS. |
| | DURÉE. | PRIX. | | | |
	ans. | mois				
ROTISSEURS.					
r. Constantine............	5 | 3	900	5,000	29,000	10,000
r. des Fontaines..........	12 | 6	2,000	20,000	98,800	45,000
SCULPTEUR.					
r. Buffault...............	5 | 3	2,987	18,000	62,230	25,000
SELLIER.					
r. du Temple	2 | »	1,100	2,500	24,700	8,000
SERRURIERS.					
r. Saint-Honoré........ ...	6 | 9	1,400	10,000	43,000	18,000
r. Buffault...............	11 | »	2,000	10,000	70,000	22,000
Id.	11 | »	2,200	15,000	49,600	30,000
r. Notre-Dame-de-Nazareth ...	12 | 9	2,400	12,000	91,200	35,000
SERRURIER EN VOITURES.					
Impasse Buffault..........	» | »	»	1,000	30,000	15,000
TABACS (Marchands de).					
r. Saint-Martin.......... .	5 | 3	1,640	5,000	28,000	10,000
r. du Temple.............	3 | 9	1,200	5,000	25,300	12,000
r. des Marais........	4 | 9	1,000	5,000	26,200	12,000
r. Vaugirard........:.....	2 | 9	1,200	10,000	33,000	15,000
r. des Vertus.............	5 | »	1,300	5,000	32,078	16,000
r. Saint-Maur-Popincourt.....	2 | 9	1,800	12,000	40,500	25,900
TABLETTERIE (Fabricants de).					
r. du Vert-Bois...........	6 | »	800	3,000	34,000	8,000
r. Phélipeaux.............	4 | 3	1,200	4,000	30.000	9,000
r. des Fontaines..........	» | »	»	4,000	82,250	30,000
Id.	6 | »	1,200	25,000	120,000	40,000
TAILLANDIERS.					
r. Saint-Christophe.........	» | »	»	10,000	47,000	18,000
Id.	14 | 6	1,500	8,000	53,500	18,000

ADRESSES DES EXPROPRIÉS.	BAIL DURÉE. ans. | mois	PRIX	OFFRES	DEMANDES	ALLOCATIONS.
TAILLEURS.					
r. de Perpignan..........	9 | 6	640	1,000	20,500	6,000
r. Phélipeaux.............	8 | 6	1,200	4,500	50,700	15,000
r. du Temple.............	11 | »	2,300	6,500	51,900	18,000
TANNEUR.					
Cité Saint-Martin..........	9 | 9	8,000	40,000	181,200	80,000
TAPIS (Marchand de).					
r. Chaussée-d'Antin........	15 | 3	12,000	50,000	600,000	215,000
TAPISSIER.					
r. Neuve-des-Mathurins.....	4 | 6	3,134	10,000	61,500	30,000
TEINTURIERS.					
r. du Vert-Bois............	2 | 3	800	3,500	60,000	15,000
r. Chaussée-d'Antin........	8 | »	4,500	15,000	65,000	20,000
r. Chaussée-de-Ménilmontant.	7 | 9	3,000	14,000	87,500	30,000
TONNELIERS.					
r. de la Licorne...........	6 | »	620	4,500	20,000	8,000
r. Jeannisson.............	3 | 6	800	5,000	29,025	8,000
TOURNEURS EN BOIS.					
r. Phélipeaux.............	7 | 6	400	2,000	20,000	8,000
r. des Partants...........	7 | 6	500	3,000	22,000	10,000
TRAITEURS (Voir aussi MARCHANDS DE VINS).					
r. de Paris	4 | 3	650	325	27,000	325
r. Beaubourg.............	» | »	»	1,500	30,150	10,000
r. du Vert-Bois...........	5 | 6	1,000	3,000	43,000	12,000
r. de Paris..............	3 | »	1,000	4,000	60,000	18,000
r. Phélipeaux.............	12 | 6	2,000	4,000	34,000	20,000
r. des Vertus.............	5 | 3	2,200	7,000	42,000	22,000
r. Volta.................	2 | 6	2,200	5,000	70,000	28,000

ADRESSES DES EXPROPRIÉS.	BAIL			OFFRES	DEMANDES	ALLOCA-TIONS.
	DURÉE.		PRIX.			
	ans.	mois				

TRIPIERS

r. Saint-Maur-Popincourt.....	9	»	1,100	3,500	29,000	8,000
r. de la Cité.............	»	»	»	15,000	84,000	30,000

TUBES (Fabricants de).

r. Beaubourg.............	5	9	900	3,000	37,115	8,000
r. Volta................	7	6	2,000	4,500	44,750	18,000

VANNERIE.

r. Cocatrix	6	9	1,000	4,000	19,000	8,000
r. Faubourg-Saint-Martin.....	3	9	1,800	8,000	50,000	15,000
r. du Temple.............	5	6	7,050	40.000	322,000	90,000

VERNISSEUR.

r. du Temple.............	»	9	1,140	3,000	20,900	6,000

VÉTÉRINAIRE.

r. de Buffault.............	1	»	1,600	9,000	88,500	30,000

VINS (Marchands de.) (Voir aussi TRAITEURS).

r. Saint-Jacques	7	»	1,000	6,000	38,500	12,000
r. des Marais.............	1	9	1,200	6,000	28,000	12,000
r. Saint-Christophe	1	9	2,400	5,000	31,475	12,000
r. des Trois-Canettes......	9	6	1,800	6,000	30,000	12,000
r. de Perpignan	7	6	1,200	6,000	39,000	14,000
r. de la Cité.............	9	»	2,000	7,000	55,000	15,000
r. de la Bienfaisance........	»	»	»	5,000	36,000	15,000
Id.	10	3	1,500	6,000	45,000	15,000
r. de la Cité.............	»	»	»	8,000	30,000	15,000
r. des Trois-Canettes........	10	»	1,000	6,000	30,000	15,000
r. de la Cité.............	13	6	2,600	11,000	92,000	16,000
Chaussée de Ménilmontant....	5	6	1,000	6,000	50,000	16,000
r. Phélipeaux	6	3	2,400	2,400	87,060	16,000
r. Faubourg-Saint-Martin.....	3	»	1,000	8,000	32,500	18,000
r. Vaugirard.............	7	9	2,000	10,000	45,000	18,000
r. Cocatrix	4	3	3,000	8,000	42,000	18,000
r. de la Cité.............	7	6	3,000	7,000	35,000	20,000

ADRESSES DES EXPROPRIÉS.	BAIL			OFFRES	DEMANDES	ALLOCATIONS.
	DURÉE.		PRIX.			
	ans.	mois				

VINS (Marchands de). (*Suite.*)

ADRESSES	ans.	mois	PRIX.	OFFRES	DEMANDES	ALLOCATIONS.
r. de la Licorne	6	»	2,900	15,000	50,000	20,000
r. Montholon	6	6	2,700	8,000	47,500	20,000
Place Delaborde	»	»	»	6,000	36,000	20,000
r. de Clichy	1	9	3,900	6,000	35,000	20,000
Id.	14	6	2,200	5,000	45,000	20,000
r. des Noyers	5	3	3,600	10,000	54,000	23,000
r. Rumford	4	»	1,500	12,000	70,000	24,000
r. de la Cité	4	»	2,800	18,000	60,500	25,000
r. du Vert-Bois	2	3	1,300	6,000	53,947	25,000
r. Neuve-des-Mathurins	11	6	1,700	9,000	50,000	27,000
r. Saint-Christophe	5	9	1,200	10,000	55,000	28,000
r. Bleue	10	6	2,000	14,000	80,000	30,000
r. Montholon	9	»	1,600	20,000	75,500	30,000
r. du Temple	»	»	»	10,000	45,000	30,000
r. Phélipeaux	11	3	2,200	8,500	80,500	30,000
Id.	6	3	2,200	6,000	40,500	30,000
r. d'Arcole	7	3	1,500	12,000	55,000	32,000
r. Phélipeaux	8	3	1,900	8,000	51,000	32,000
r. du Temple	9	»	2,600	12,000	85,000	33,000
r. Blanche	6	6	3,000	16,000	60,000	35,000
r. des Fontaines	15	3	2,600	15,000	55,000	35,000
Id.	13	»	»	18,000	100,000	40,000
r. Notre-Dame-de-Nazareth	12	9	3,300	10,000	90,800	45,000
r. Neuve-des-Mathurins	9	6	3,600	20,000	65,000	47,000
r. de Buffault	11	»	3,500	30,000	80,000	50,000
r. de la Cité	9	»	3,000	40,000	120,000	50,000
r. Phélipeaux	7	9	3,700	15,000	80,000	50,000
r. Cardinet	13	»	3,000	20,000	165,000	65,000
r. du Temple	12	6	8,200	20,000	100,000	80,000
r. Faubourg-Saint-Martin	9	9	2,000	50,000	250,500	80,000

VOITURES (Voir LOUEURS DE).

VOLAILLES (Marchand de).

	ans.	mois	PRIX.	OFFRES	DEMANDES	ALLOCATIONS.
r. Neuve-des-Mathurins et rue Caumartin	2	9	1,600	3,000	27,500	20,000

VOYAGE (Articles de).

	ans.	mois	PRIX.	OFFRES	DEMANDES	ALLOCATIONS.
r. du Temple	»	»	»	12,000	97,250	40,010

TABLE

FIN DE LA TABLE.

EXTRAIT DU CATALOGUE

DE LA LIBRAIRIE SCIENTIFIQUE, INDUSTRIELLE ET AGRICOLE

EUGÈNE LACROIX

15, QUAI MALAQUAIS, 15

PUBLICATIONS PÉRIODIQUES

ANNALES DU GÉNIE CIVIL et Recueil de mémoires sur les sciences pures et appliquées, les ponts et chaussées, les routes et chemins de fer, les constructions et la navigation maritime et fluviale, les mines, l'architecture, la métallurgie, la chimie, la physique, les arts mécaniques, l'économie industrielle, LE GÉNIE RURAL, revue descriptive de l'INDUSTRIE FRANÇAISE ET ÉTRANGÈRE; publiées par une réunion d'ingénieurs, d'architectes, de professeurs et d'anciens élèves de l'École centrale et des écoles d'arts et métiers, avec le concours de savants étrangers. Cette revue paraît mensuellement, depuis le 1er janvier 1862, en cahier de 4 à 5 feuilles de texte et 3 ou 4 planches. Chaque année forme un volume grand in-8° de 8 à 900 pages, avec figures, et un atlas grand in-8° de 40 à 45 planches doubles. Prix de l'abonnement pour toute la France et l'Algérie, 20 fr. par an; pour l'étranger, 25 fr.; les pays d'outre-mer, 30 fr.

NOUVEAU PORTEFEUILLE DES PRINCIPAUX APPAREILS, MACHINES ET OUTILS employés dans les différentes professions industrielles et agricoles, mines, machines à vapeur; revue générale des expositions et des inventions françaises et étrangères, publié par les rédacteurs des *Annales du Génie civil.*

Il paraît une livraison chaque mois depuis le 1er janvier
1866. Elle se compose de 4 planches grand in-4, avec cotes
et légendes explicatives; plus 4 pages de texte compacte
grand in-4 à deux colonnes.
Prix de l'abonnement :
Pour Paris, toute la France et l'Algérie, par an.   10 fr.
Pour l'Étranger, par an.   15 fr.
Le numéro, ou la livraison séparée.   2 fr.

LA SCIENCE POPULAIRE, ou Revue du progrès des connaissances et de leur application aux arts et à l'industrie, par
M.-J. RAMBOSSON (1865, 4e année), publication annuelle
paraissant à la fin de chaque année sous la forme d'un
fort volume grand in-18 (format des volumes de la Bibliothèque), illustré de nombreuses gravures, ouvrage mis à la
portée des gens du monde. Prix de l'année ou volume,
3 fr. 50 pour toute la France et l'Algérie ; id., belle reliure anglaise, 4 fr.

LA SCIENCE PITTORESQUE, journal hebdomadaire illustré
(11e année). — Prix de l'abonnement annuel, partant du
1er janvier : Paris, 5 fr.; départements et Algérie, 6 fr.;
étranger, 9 fr.; prix du numéro, 10 centimes. — A. JEU-
NESSE, rédacteur en chef. Eugène LACROIX, directeur.

LES OUVRIERS D'A PRÉSENT et la nouvelle économie du travail, par A. AUDIGANNE. 1 vol. in-8, 464 pages.   6 fr.

Dès l'apparition de ce volume, il a été accueilli par les éloges de la presse
de toutes les opinions. C'est que M. Audiganne n'est ni un homme de parti,
ni un économiste à systèmes préconçus : il examine les faits, il les analyse, il
en fouille les détails, puis il les expose avec clarté et en déduit les conséquences. Les Ouvriers d'à présent et la nouvelle Économie du travail sont
la reproduction des conférences faites récemment par M. Audiganne, sur l'organisation du travail. Tous les problèmes sérieux se rattachant à cette question y sont abordés avec hardiesse.

LES OUVRIERS EN FAMILLE, OU ENTRETIENS SUR LES DEVOIRS
ET LES DROITS DU TRAVAILLEUR dans les diverses relations

de sa vie laborieuse, par A. AUDIGANNE. 1 vol. in-18, 154 pages.   1 fr. 25.

MERVEILLES DU GÉNIE DE L'HOMME, DÉCOUVERTES, INVEN-
TIONS. Récits historiques et instructifs sur l'origine de
l'état actuel des découvertes et inventions les plus célèbres,
par A. DE BAST. 1 vol. in-8, illustré de nombreux dessins,
447 pages.   12 fr.

LIVRE DES ENTREPRENEURS ET CONCESSIONNAIRES DE TRAVAUX
PUBLICS, contentieux administratif, en matières de tra-
vaux publics, 3e édit., entièrement refondue, par DELVIN-
COURT, avocat. In-8, III-576 pages.   10 fr.

DICTIONNAIRE DES ARTS ET MANUFACTURES, DE L'AGRICULTURE,
DES MINES, etc., par M. CH. LABOULAYE, ancien élève de
l'École polytechnique, membre du Jury international de
l'Exposition universelle de Londres en 1862, et une réunion
de savants, d'ingénieurs et de fabricants, 3e édition, revue et considérablement augmentée. Ouvrage illustré de
5,000 gravures sur bois, représentant les machines et appareils employés dans l'industrie et les chefs-d'œuvre de
l'art industriel. Cette 3e édition est publiée en 30 livrai-
sons, renfermant chacune la matière d'un vol. in-8 ordinaire; l'ensemble forme 2 forts vol. grand in-8 à 2 colonnes. Prix de la livraison.   2 fr.
     L'ouvrage complet.   60 fr.

DICTIONNAIRE TECHNOLOGIQUE ou nouveau dictionnaire universel des arts et métiers et de l'économie industrielle et
commerciale, par une société de savants et d'artistes.
22 vol. in-8 de texte et 2 atlas.   160 fr.

ÉTUDE SUR L'EXPOSITION UNIVERSELLE DE LONDRES EN 1862,
renseignements techniques sur les procédés nouveaux ma-
nifestés par cette Exposition, par MM. ALCAN, BECQUEREL,
professeurs au Conservatoire des arts et métiers; BOQUILLON,
CHAMBRELENT, DEHÉRAIN, Eug. FLACHAT, CH. LABOULAYE,
général MORIN, contre-amiral PARIS, PAYEN, SAINT-EDME,

SALVETAT et H. TRESCA. Ouvrage illustré d'un grand nom-
de gravures sur bois et de pl. In-8 de 912 pages. 16 fr.

Les Expositions permettent de juger des progrès accomplis chez les diverses
nations industrielles pendant les années qui ont immédiatement précédé ces
tournois pacifiques ; mais, pour étudier et juger les produits exposés, il faut
des hommes compétents et au courant des progrès déjà réalisés : sous ce
double rapport, les noms des auteurs offrent la garantie que cette étude mérite
d'être consultée.

DE L'ORGANISATION DE L'ENSEIGNEMENT INDUSTRIEL, par A.
GUETTIER. Études sur l'instruction industrielle et la pro-
pagation des connaissances industrielles. Création de salles
d'asiles dans les établissements industriels. Usines impériales d'Indret. Situation et avenir des Écoles d'arts et métiers. Dessin industriel appliqué aux arts mécaniques,
1 vol. in-8, 169 pages. 4 fr.

M. Guettier a le droit d'aborder avec une grande autorité les questions
qu'il traite dans les opuscules réunis dans ce volume. Aujourd'hui que des
réformes nouvelles sont officiellement annoncées dans l'organisation des lycées
et qu'on s'occupe de la création d'écoles spéciales plus appropriées aux
besoins de notre époque, il est intéressant d'étudier les vues d'un homme
pratique qui, dès 1848, insistait sur la nécessité d'une instruction profession-
nelle. D'ailleurs, dans tous ses écrits, M. Guettier cherche à exposer des idées
plutôt qu'à créer des systèmes ; il a voulu soulever des questions pratiques
plus que travailler des théories. ⌐
La notice sur la situation et l'avenir des écoles d'arts et métiers offre un
grand intérêt d'actualité.

DE LA HAUSSE ET DE LA BAISSE DES CÉRÉALES et des moyens
d'y remédier, par HERVIEUX. Coup d'œil historique et cri-
tique sur les réserves, l'importation, l'exportation, l'organisation de la boulangerie, la caisse de service, etc.
Solution du problème à l'aide des magasins généraux, des
récépissés et des warrants. Grand in-8 anglais, 227 p. 3 fr.

**BIBLIOGRAPHIE DES INGÉNIEURS, DES ARCHITECTES, DES CHEFS
D'USINES INDUSTRIELLES, DES ÉLÈVES DES ÉCOLES POLY-
TECHNIQUSE ET PROFESSIONNELLES, ET DES AGRICULTEURS,**
par Eugène LACROIX.
La Bibliographie des ingénieurs, des architectes et des agriculteurs paraît depuis le 1er janvier 1857. D'abord publiée
semestriellement, elle est devenue trimestrielle à la suite

de nombreuses demandes. 1857 à 1861, cinq années forment la deuxième série. 1 vol. in-8 de 186 pages, avec table méthodique et table des noms d'auteurs. La troisième série forme 1 vol. avec tables, année 1862 à 1865.

La première série comprend tous les ouvrages remarquables parus antérieurement à 1857.

Cette partie forme 1 vol. in-4 et comprend une table méthodique et une des noms d'auteurs. Prix.   50 fr.

On souscrit en adressant *franco*, à M. Lacroix, ladite somme de 50 *francs*, en un mandat sur la poste.

A la réception de cette somme, M. Lacroix enverra : 1° Cette première série ; 2° et à titre gratuit et *franco* la deuxième et la troisième série. Prix de souscription à l'avance 1 fr. — Le numéro trimestriel 25 centimes.

CODE DES BREVETS D'INVENTION, par N.-M. LE SENNE, avocat. Dessins et marques de fabrique ou de commerce en France et à l'étranger, renfermant le commentaire de la loi française sur les brevets ; le texte de cette loi avec les instructions ministérielles ; le texte, avec un sommaire de la législation sur les desins de fabrique ; le texte, avec un sommaire de la NOUVELLE LOI française sur les marques de fabrique ou de commerce ; le texte, avec sommaire, de toutes les lois étrangères connues sur les brevets et les marques. 1 vol. in-8, 368 pages.   5 fr.

En présence des inventions et des découvertes qui se produisent, il est superflu de faire ressortir l'utilité d'un Code des brevets d'inventions. Les inventeurs ont intérêt à connaître la législation des divers pays en ce qui concerne les brevets et les patentes ; c'est le seul moyen d'économiser souvent des frais inutiles et de prévenir des procès ruineux.

TRAITÉ DES CAUSES DES SINISTRES DANS LES USINES, par M. E. MEUNIER. Guide pratique du manufacturier pour l'emploi des moyens préservatifs des incendies dans les établissements industriels. In-8, 289 p. et 5 pl.   6 fr.

Paris. — Imprimerie P.-A. BOURDIER et C°, rue des Poitevins, 6.

Publications de la Librairie Scientifique, Industrielle et Agricole

DE LA SOCIÉTÉ DES INGÉNIEURS CIVILS

A PARIS, 15, QUAI MALAQUAIS.

— **Mars 1866** —

(Ce catalogue annule tous les précédents, en ce qui concerne la Bibliothèque des professions industrielles et agricoles.)

BIBLIOTHÈQUE

DES

PROFESSIONS INDUSTRIELLES ET AGRICOLES

PUBLIÉE PAR

Eugène LACROIX, ÉDITEUR

Sous la direction de MM. les Rédacteurs des ANNALES DU GÉNIE CIVIL
avec la collaboration d'Ingénieurs et de Praticiens français et étrangers.

COLLECTION DE GUIDES PRATIQUES

A L'USAGE

**DES CHEFS D'USINES, DES CONTRE-MAITRES, DES OUVRIERS,
DES AGRICULTEURS, DES ÉCOLES INDUSTRIELLES,**

MIS POUR QUELQUES-UNS A LA PORTÉE DES GENS DU MONDE.

Depuis quarante-deux ans que notre maison est fondée, nos prédécesseurs ont publié et nous continuons à publier les ouvrages sur les sciences appliquées à l'industrie, aux arts et métiers, à l'agriculture. L'ensemble de ces publications forme une collection très-variée : donc, nous avions créé par le fait une *Bibliothèque des professions industrielles*

1

et agricoles. Mais l'étendue de quelques-uns de ces ouvrages, l'enseignement plus ou moins scientifique ou plus particulièrement pratique qu'ils contiennent, la forme typographique, différente pour le plus grand nombre, et enfin le prix élevé de quelques-uns ne permettaient pas de les comprendre par séries dans une encyclopédie accessible, par la forme, par le fond et par le prix, aux personnes qui ont le plus souvent besoin d'indications pratiques sur la profession dont elles font l'apprentissage, ou dans laquelle elles veulent devenir plus intelligemment habiles.

À ces personnes, dont le nombre est très-grand, il faut des *guides pratiques* exacts, d'un format commode, d'un prix modéré, rédigés avec clarté et méthode, comme est clair et méthodique l'enseignement direct du professeur à l'élève ou celui du maître à l'apprenti. Telle a été notre pensée en commençant, en 1863, la publication de la *Bibliothèque des professions industrielles et agricoles*.

Nous atteindrons le but que nous nous sommes proposé, nous en avons déjà l'assurance par la vente soutenue des séries publiées jusqu'à ce jour; par le nombre et le mérite, soit comme savants, soit comme praticiens, des collaborateurs acquis à l'œuvre, et par les adhésions qui nous arrivent de tous côtés et sous toutes les formes.

Notre publication s'adresse à l'ingénieur, à l'industriel, à l'ouvrier mécanicien dans chacune des professions spéciales, à l'artisan de tous les métiers, à l'instituteur, à l'agriculteur ; certaines séries conviennent à l'homme du monde qui désire satisfaire utilement sa curiosité, ou qui veut augmenter les notions déjà acquises, par des connaissances particulières sur les professions qui procurent à la société entière les éléments du bien-être matériel, base indispensable du progrès moral.

C'est donc à un très-grand nombre de lecteurs ou plutôt de travailleurs que nous offrons un concours efficace pour l'étude et les applications des questions d'utilité privée ou publique. Nous leur faisons un appel direct, en leur rappelant qu'il n'y a possibilité d'abaisser le prix de vente d'un livre qu'à condition de pouvoir imprimer ce livre à un très-grand nombre d'exemplaires, en prévision d'un grand nombre d'acheteurs : en effet, les premières dépenses c'est-à-dire la gravure des bois et des planches, la composition typographique du texte et le travail de l'auteur sont les mêmes pour un exemplaire que pour mille... dix mille, etc. Dans l'espoir que le nombre des adhérents à notre œuvre ne cessera pas d'augmenter, — que rédacteurs et souscripteurs nous prêteront leur appui, de plus en plus efficace,—nous continuerons à publier les volumes annoncés, le plus promptement qu'il nous sera possible.

Le prix de vente de chacun d'eux sera fixé d'après le chiffre des frais occasionnés par sa fabrication.

Cette Bibliothèque est composée de **Neuf Séries**, qui se subdivisent comme suit :

4   BIBLIOTHÈQUE LACROIX.

Série H. — Agriculture, Jardinage, etc....... 56 vol.
  »   I. — Economie domestique, Comptabi-
            lité, Législation, Mélanges...... 25   »

AVIS

POUR LES SOUSCRIPTEURS AUX VOLUMES DE LA BIBLIOTHÈQUE.

Toute personne qui désire un ou plusieurs volumes de la Bibliothèque doit nous en adresser la demande par lettre affranchie, en accompagnant cette demande d'un mandat sur la poste représentant la valeur du ou des - volumes demandés. En échange, et par le retour du courrier, l'objet de sa demande lui est adressé franco.

Pour nos clients des pays étrangers, ils doivent augmenter leur mandat de 10 pour 100 s'ils désirent recevoir les volumes franc de port.

Nous n'acceptons dans aucun cas le retour des volumes demandés.

Le dépôt de la Bibliothèque se trouve chez les principaux libraires de France et de l'Étranger.

RELIURE. — CARTONNAGE.

Nous tenons à la disposition des personnes qui le désirent les volumes de la Bibliothèque reliés ou cartonnés.

Le cartonnage en toile chagrinée coûte 1 fr. par volume ;
La demi-reliure en chagrin coûte 1 fr. 50.

Ces cartonnages et ces reliures sont à la fois élégants et solides.

Outre les volumes de notre Bibliothèque, nous avons toujours un assortiment aussi complet que possible de toutes les publications qui intéressent MM. les Ingénieurs et Architectes, MM. les Chefs d'usines industrielles et d'exploitations agricoles, MM. les Élèves des Écoles polytechnique et professionnelles.

Nous envoyons notre Catalogue complet, 1 fort volume de 400 pages, qui résume la connaissance de tous les principaux ouvrages publiés en France et en Belgique, contre la réception de 2 francs en timbres-poste.

N'ayant pas l'emploi de timbres-poste, nous n'accepterons ce mode de payement que pour les sommes inférieures à 2 francs.

CATALOGUE DE LA BIBLIOTHÈQUE

PAR ORDRE ALPHABÉTIQUE

DES NOMS D'AUTEURS

POUR LES VOLUMES DÉJA PUBLIÉS.

CATALOGUE

PAR ORDRE ALPHABÉTIQUE DES MATIÈRES

POUR LES VOLUMES PUBLIÉS.

Acclimatation des animaux domestiques, par le D. B. LUNEL. 1 vol. in-12, 185 p.   2 fr.

Acier (son emploi et ses propriétés), par G. B. J. DESSOYE, avec Introduction et Notes, par E. GRATEAU. 1 vol. in-12, 306 p. 5 fr.

Agent voyer. Voir Ponts et Chaussées.

Agriculture (Traité élémentaire d'), par Hervé de LAVAUR. 1 vol. in-12, 239 p., avec tableaux.   2 fr.

Alliages métalliques, par A. GUETTIER, directeur de fonderie. 1 vol. in-12, 343 p.   3 fr.

Aluminium et métaux alcalins (Recherche, extraction et fabrication), par C. H. et A. TISSIER. 1 vol. in-12, 228 p. avec 1 pl. et de nombreuses figures dans le texte.   3 fr.

Analyse qualitative, par H. WILL, traduit par W. BICHON. 1 vol. in-12, 259 p., avec tableaux dans le texte.   1 fr. 50

Analyse des vins. V. *Vins.*

Analyse des sucres. V. *Sucres.*

Animaux nuisibles; leur destruction, par H. GOBIN.

Apiculture. Culture des Abeilles, par H. HAMET. 1 vol. in-12, 528 p., avec un portrait et nombreuses figures dans le texte.   3 fr.

Appareils économiques de chauffage pour les combustibles solides et gazeux, par P. FLAMM. 1 vol. in-12, 157 p., 4 pl.   3 fr.

Arboriculture fruitière, théorique et pratique, par GRESSENT. 1 vol. 610 p., avec figures.   6 fr.

Artifices (Feux d'). V. *Poudres et salpêtres.*

Asphaltes, bitumes, par MALO.

Bijoutier. Application de l'harmonie des couleurs, par L. MOREAU. 1 vol. in-12, 108 p., 2 pl.   1 fr.

Botanique appliquée à la culture des plantes, par Léon LEROLLE, 1 vol. in-12, 464 p., avec nombreuses figures dans le texte.   5 fr.

Canards, par MARIOT-DIDIEUX. 1 vol.   1 fr. 50

Chasseur médecin (Traité complet sur les maladies du chien, par Francis CLATER), traduit par MARIOT-DIDIEUX. 1 vol. in-12, 195 p.
2 fr.

Chemins de fer (Construction des), par J. MALEVILLE. 1 vol. in-12, 119 p., avec un tableau et deux planches.   3 fr.

Chemins de fer (Exploitation). 1re partie. *Voyageurs et bagages,* par Victor EMION. 1 vol. in-12, 521 p.   2 fr. 50

—· LE MÊME, 2e partie. *Marchandises,* 466 p.   3 fr. 50

Chemins de fer (Notions générales), par A. PERDONNET. 1 vol. in-12, 458 p.
5 fr.

Chimie agricole, par N. BASSET. 1 vol. in-12, 359 p.   3 fr.

Chimie élémentaire, par J. GARNIER jeune. 1 vol. in-12, 319 p., avec 3 pl.
3 fr.

Chimie (Introduction à l'étude de la), par M. J. LIEBIG. 1 vol. in-12, 255 p.
2 fr. 50

Chimie inorganique, par POURIAU. 1 vol. in-12, 520 p., avec figures.
6 fr.

Chimie organique, par le même. 1 vol. in-12, 546 p., avec figures.
6 fr.

Chimie. — Analyse chimique, par le même.

Chimie. V. *Analyse qualitative.*

Conférences agricoles, par GOSSIN. 1 vol. in-12, 124 p. 1 fr.

Constructions et travaux à la mer, par M. BOUNICEAU.

Constructions rurales, par T. BONA. 1 vol. in-12, 304 p. et pl.
3 fr.

Corps gras industriels, Savons, Bougies, Chandelles, etc. (Connaissance et exploitation), par Th. CHATEAU. 1 vol. in-12, 435 p.
4 fr.

Coton (Culture du), par le docteur A. SICARD, 1 vol. in-12 de 148 p. avec figures dans le texte.   2 fr.

Courbes de raccordement. *Chemins de fer, routes et chemins* (Nouvelle table pour le tracé des), par CHAUVAC DE LA PLACE. 1 vol. in-12, 121 p., 1 pl.   3 fr. 50

Culture maraîchère, par COURTOIS-GÉRARD. 1 vol. in-12, 399 p., avec de nombreuses figures dans le texte.   3 fr. 50

Dessin linéaire, par A. ORTOLAN et J. MESTA. 1 vol. in-12, 281 p., avec un atlas de 42 pl.   5 fr.

Drainage. Résultat d'observations et d'expériences pratiques, par M. C. E. KIELMANN. 1 vol. in-12, 104 p., avec de nombreuses figures dans le texte. 1 fr.

Économie domestique (Notions d'une application journalière), par le doct. B. LUNEL. 1 vol. in-12, 227 p. 1 fr.

Électricité. Principes généraux, applications, par SNOW HARRIS, traduit par E. GARNAULT, 1 vol. de 264 p., avec nombreuses figures dans le texte. 2 fr. 50

Entomologie agricole. Destruction des insectes nuisibles, par H. GOBIN. 1 vol. in-12, 285 p., avec figures et tableaux dans le texte. 3 fr.

Engrais humain. (Voir Vidange.)

Épiceries, ou dictionnaire des denrées indigènes et exotiques, par le doct. B. LUNEL, 1 vol. in-12, 262 p. 2 fr.

Ethnographie (Description des races humaines), par D'OMALIUS D'HALLOY. 1 vol. in-12, avec une planche coloriée. 130 p. 3 fr.

Fécules et amidons (Fabrication des), par DUBIEF. 1 vol. in-12. 6 fr.

Géomètre arpenteur (Arpentages, nivellements, levés des plans, partage des propriétés agricoles), par M. P. GUY. 1 vol. in-12, 379 p., avec 5 pl. 3 fr. 50

Géométrie élémentaire (Leçons de), par Ch. ROZAN. 1 vol. in-12, 270 p., avec 1 atlas de 31 pl. 5 fr.

Habitations des animaux (Bon emménagement des). Écuries et étables, par GAYOT, 1 vol. in-12, 211 p. 3 fr.

Habitations des animaux. Bergeries, porcheries, etc., par le même.

Huiles (Essai et dosage des) employées dans le commerce ou servant à l'alimentation, des savons et de la farine de blé, par CAILLETET. 1 vol. in-12, 107 p. 3 fr.

Hydraulique urbaine et agricole, par J. LAFFINEUR. 1 vol. in-12, 129 p., 2 pl. 2 fr.

Hygiène et médecine usuelle, par le doct. B. LUNEL. 1 vol. in-12, 212 p. 1 fr. 50

Insectes nuisibles (Destruction des). Voir Entomologie.

Ingénieur agricole (Hydraulique, desséchement, drainage, irrigation, etc.), par LAFFINEUR. 1 vol. in-12, 269 p. 3 pl. 3 fr.

1.

Jardinage (Manière de cultiver son jardin), par Courtois-Gérard. 1 vol. in-12, 403 p., avec 1 pl. et figures dans le texte. 3 fr. 50

Jardins d'agrément (Tracé et ornementation), par T. Bona. 1 vol. in-12, 236 p. 2 fr. 50

Joaillier. Traité complet des pierres précieuses, par Ch. Barbot. 1 vol. in-12, 567 p. et 178 figures gravées. 5 fr.

Lapins (Éducation lucrative des), par Mariot-Didieux. 1 vol. in-12, 163 p. 2 fr.

Liqueurs françaises et étrangères (Fabrication sans distillation), par L. F. Dubief. 1 vol. in-12, 288 p. avec figures dans le texte et une pl. 4 fr.

Literie, par Jean de Laterrière. 1 vol. in-12, 180 p., avec 13 pl. 2 fr.

Machines agricoles en général et machines à vapeur rurales (Construction, emploi et conduites), par Gaudry. 1 vol. in-12, 107 p. 1 fr.

Maçonnerie (Constructeur), par A. Demanet. 1 vol., texte 252 p. et atlas de 20 pl. 5 fr.

Maître de forges (Exploitation du fer et application), par M. Pelouze. 2 vol. in-12, 859 p., avec 10 pl. 5 fr.

Matières résineuses (Provenance et travail), par E. Dromart, 1 vol. in-12, 101 p., avec 3 pl. 3 fr.

Métallurgie (Essai, préparation et traitement des minerais), par MM. L. et D. 1 vol. in-12, 354 p., avec 8 pl. 2 fr.

Métallurgie (le Fer, son histoire, ses propriétés), par William Fairbairn; trad. par G. Maurice. 1 vol. in-12, 351 p., avec 5 pl. 5 fr.

Minéralogie usuelle (Exposition succincte et méthodique des minéraux), par M. Drapiez. 1 vol. in-12, 507 p. 2 fr.

Mouvement industriel et commercial, 1864-1865, par A. Sébillot. 1 vol. in-12, 232 p. 2 fr.

Oies et canards (Éducation lucrative des), par Mariot-Didieux. 1 vol. in-12, 187 p., avec de nombreuses figures dans le texte. 1 fr. 50

Olivier (sa culture, son fruit et son huile), par J. Raynaud. 1 vol. in-12, 350 p. 3 fr.

Ostréiculteur (Élevage et multiplication des races marines comestibles), par Fraiche. 1 vol. in-12, 178 p., avec de nombreuses figures dans le texte.   3 fr.

Papiers et cartons (Fabrication), par A. Prouteaux. 1 vol. in-12, 277 p., avec atlas, 7 pl.   4 fr.

Parfumeur. Dictionnaire des cosmétiques et parfums, par le doct. B. Lunel. 1 vol. in-12, 215 p.   5 fr.

Paris à vol d'oiseau, par J. Maleville. 1 vol. in-12, 268 p.   3 fr.

Pétrole (Gisements, exploitation et traitement industriels), par E. Soulié et H. Haudoüin. 1 vol. in-12, 236 p.   3 fr.

Pisciculteur, par P. Carbonnier. 1 vol. in-12, 208 p.   2 fr.

Plantes fourragères, par M. H. Gobin.

— 1re partie. Prairies naturelles, irrigations, pâturages, 1 vol., 284 p.   3 fr.

— 2e partie. Prairies artificielles.

Ponts et chaussées et agent voyer (conducteur), 1re partie. Plans et nivellements, par F. Birot. 1 vol. in-12, 129 p., 6 pl.   2 fr.

— 2e partie. Routes et chemins. 1 vol. in-12, avec pl.   2 fr.

— 3° partie. Ponts et viaducs.

— 4e partie. Constructions en général.

Ponts et chaussées. Tracé des courbes sur le terrain, par Péronne.   2 fr.

Porcelaine (Art de la fabriquer), suivi d'un Traité de la peinture et de la dorure sur porcelaine, par Bastenaire-Daudenart. 2 vol. in-12, 469 p., 4 pl.   10 fr.

Potager moderne (Traité des légumes), par Gressent. 1 vol. in-12, 466 p., 10 pl.   6 fr.

Potasses, soudes, cendres, acides et **manganèses,** par Frésénius et le doct. H. Will; traduit par G. W. Bichon. 1 vol. in-12, 176 p.   2 fr.

Poudres et salpêtres, par le major Steerk, avec un appendice sur **les feux d'artifice.**

Poules (Éducation lucrative des), ou Traité raisonné de gallinoculture, par Mariot-Didieux. 1 vol. in-12, 456 p.   3 fr. 50

Prairies naturelles et artificielles. V. *Plantes fourragères.*

oches, simples et composées (Classification et caractères minéralogiques), par Marcel de Serres. 1 vol. in-12, 291 p.   3 fr.

Rosier (Taille du), sa culture, par E. FORNEY. 1 vol. in-12, 216 p.
2 fr.

Sciences physiques appliquées à l'agriculture (voir Chimie).

Science populaire (La), par J. RAMBOSSON. 1 beau vol. in-18 illustré, paraissant tous les ans à partir du 1er janvier 1863. Prix de chaque année.
3 fr. 50

Sténographie, par Ch. TONDEUR. 1 vol. in-12, 18 p.   1 fr.

Sucres. Essai et analyse des sucres, par E. MONIER, avec fig. et tableaux.
2 fr.

Télégraphie électrique, par B. MIÉGE. 1 vol. in-12, 158 p., avec de nombreuses figures dans le texte.
2 fr.

Tissage, 1re partie (Fabrication des tissus), par T. BONA. 1 vol. in-12, 172 p., avec 1 atlas de 60 pl. et légendes.
3 fr.

— 2e partie (Composition des tissus), 1 vol. in-12, 174 p., avec atlas de 56 pl. et légendes.
3 fr.

Tissus imprimés (Leur fabrication). Impression des étoffes de soie, par D. KÆPPELIN. 1 vol. in-12, 151 p., avec 4 pl. et de nombreux échantillons.
10 fr.

Vétérinaire maréchal, par J. GOODWIN. 1 vol. in-12, 274 p., avec 3 pl.
2 fr.

Vernis (Fabrication des), par Henry VIOLETTE, 1 vol., avec figures dans le texte.
5 fr.

Vidange agricole. Engrais humain, par J.-H. TOUCHET. 1 vol. in-12, 88 p.
1 fr.

Vigneron, par FLEURY-LACOSTE, 1 vol., 144 p., avec figures.
2 fr.

Vins factices et boissons vineuses en général, par L.-N. DUBIEF. 1 vol. in-12, 67 p.
1 fr. 50

Vins. Falsifications et maladies du vin, par J. BRUN. 1 vol., avec de nombreux tableaux.
3 fr.

CATALOGUE

DES OUVRAGES PUBLIÉS OU EN. PRÉPARATION

PAR ORDRE DE SÉRIES.

———

TABLE DES MATIÉRES [1].

—

SÉRIE A.

SCIENCES EXACTES.

[1] Cette table est loin d'être complète comme matières à publier, puisque la collection doit former une technologie complète; beaucoup d'autres volumes, traitant de sujets non mentionnés ici, viendront en leur temps en élargir le cadre, mais nous avons l'intention, pour le moment, de ne nous occuper que de ces premiers, parce que nous pensons que ce sont ceux dont la publication est le plus promptement désirée.

[2] Plusieurs ouvrages indiqués comme étant en préparation seront mis sous presse dans le courant de la présente année.

[3] Nous croyons devoir recommander spécialement un travail sur les logarithmes qui vient de paraître, intitulé : *Table des logarithmes* à sept décimales, par Jean Luvini, très-complète, comprenant plusieurs autres tables usuelles. Prix : 4 francs (librairie scientifique-industrielle Lacroix).

*

SÉRIE B.

SCIENCES D'OBSERVATION, CHIMIE, PHYSIQUE, ÉLECTRICITÉ, ETC.

4. **Télégraphie électrique,** ou *Vade mecum* pratique à l'usage des employés des lignes télégraphiques, suivi du programme des connaissances exigées pour être admis au surnumérariat dans l'administration des lignes télégraphiques, par M. B. Miége, directeur de station de ligne télégraphique. 1 vol., xi-148 pages, avec 45 figures dans le texte. 2 fr.

M. Miége n'a pas voulu faire seulement un livre utile, mais bien un guide indispensable. Aux notions préliminaires sur le magnétisme, les différentes sources d'électricité et les propriétés des courants, succède la description de tous les appareils usités, avec l'indication des signaux généralement adoptés. Des formules d'une grande simplicité permettent de se rendre compte de l'intensité des courants et de rechercher la cause des dérangements.

7. Guide pratique de **Chimie élémentaire** ; ouvrage mis à la portée des gens du monde, des lycées et des institutions, contenant les principes de cette science et leur application aux arts et aux questions usuelles de la vie, par M. J. Garnier jeune, professeur à l'École de commerce et d'industrie de Paris et à l'École vétérinaire d'Alfort. 1 vol., 304 pages et 3 pl. 2 fr.

Ce guide réunit le triple mérite d'être complet, sous un petit volume à bas prix. L'auteur a emprunté aux recueils scientifiques tout ce qu'ils renferment de nouveau et d'utile pour mettre son ouvrage au niveau des découvertes les plus récentes.

9. **Analyse qualitative,** instruction pratique à l'usage des laboratoires de chimie, par M. le docteur H. Will, professeur agrégé de l'université de Giessen ; traduit de l'allemand par M. le docteur G.-W. Bichon, traducteur des Lettres de M. Justus Liebig sur la chimie, et auteur de plusieurs travaux sur cette science. 1 vol., 248 pages. 1 fr. 50

Les traités spéciaux sur la chimie analytique sont ou trop volumineux ou incomplets, en ce sens que, dans ces derniers, manquent les indications indispensables pour que l'élève puisse se conduire lui-même.

M. le docteur Will a su éviter ces deux défauts : son guide enseigne d'une manière simple, substantielle et méthodique, tout ce qu'il faut savoir pour devenir capable de découvrir et de séparer les parties constituantes des corps composés.

11. **Introduction à l'étude de la chimie,** contenant les principes généraux de cette science, les proportions chimiques, la théorie atomique, le rapport des poids atomiques avec le volume des corps, l'isomorphisme, les usages des poids ato-

miques et des formules chimiques, les combinaisons isoméri-
ques des corps catalyptiques, etc., accompagné de considérations détaillées sur les acides, les bases et les sels, par M. J.
Liebig, traduit de l'allemand par Ch. Ghérard, augmenté d'une
table alphabétique des matières présentant les définitions techniques et les relations des corps. 1 vol., 248 pages.   2 fr. 50

L'accueil favorable que cette traduction a rencontré en France rappelle
le succès obtenu en Allemagne par l'édition originale de l'illustre chimiste.

Dans cette *Introduction* sont exposés d'une manière succincte et claire les
principes généraux de la chimie, les proportions chimiques, la théorie
atomique, en un mot toutes les notions élémentaires indispensables à celui qui
veut aborder la chimie analytique.

12. Fraudes et maladies du vin. Moyens pratiques de reconnaître et de corriger les **falsifications** et les **maladies
du vin,** suivi d'un Traité d'**Analyse chimique** de tous les
vins, par M. Jacques Brun, vice-président de la Société suisse
des pharmaciens. 1 vol., avec de nombreux tableaux.   3 fr.

L'art de falsifier les vins a fait ces dernières années de rapides progrès. La
chimie ne doit pas se laisser devancer par la fraude : elle doit lui tenir tête et
pouvoir toujours montrer du doigt la substance ajoutée. Cette tâche, dit
M. Brun, incombe surtout aux pharmaciens. Son livre est le résumé des différents traitements qu'il a cru être réellement utiles dans la pratique et qui
ont le mieux réussi pour l'examen chimique des vins suspects.

13. Traité pratique et élémentaire de **Botanique** appliquée à
la culture des plantes, par M. Léon Lerolle. (Voir série II,
n° 56, p. 33).

17. Leçons élémentaires d'**Electricité** ou exposition concise
des principes généraux de **l'électricité et de ses applications,** par Snow Harris, de la Société royale de Londres, etc. ;
annotées et traduites par E. Garnault, ancien élève de l'Ecole
normale, professeur de physique à l'Ecole navale impériale.
1 vol., 264 pages, avec 72 figures dans le texte.   2 fr. 50

18. Guide pratique pour reconnaître et pour déterminer le titre
véritable et la valeur commerciale des **Potasses,** des **Soudes,**
des **Cendres,** des **Acides** et des **Manganèses,** avec neuf
tables de déterminations, par MM. les docteurs R. Frésénius et
H. Will, assistants préparateurs au laboratoire de chimie de
Giessen ; traduit de l'allemand par M. le docteur W. Bichon,
1 vol., xvi-163 pages.   2 fr.

En rédigeant ce guide, les auteurs ont considéré qu'ils écrivaient non-seulement pour les chimistes, mais aussi pour des personnes qui sont moins
avancées dans la science. Ils ont donc combiné leurs efforts de manière à
réunir aux notions scientifiques nécessaires une exécution qui pût être généralement comprise de tous.

En présence du rôle important que jouent dans la technologie et dans les
arts industriels les substances auxquelles ce livre est principalement consacré, nous croyons superflu d'insister sur l'utilité de la méthode qui y est
enseignée et des neuf tables qui en font le complément.

En préparation.

1. Physique.
2. Applications de la chaleur.
3. Galvanoplastie.
5. Photographie.
6. Astronomie.
8. Chimie géuérale.
10. Chimie industrielle.

14. Minéralogie.
15. Géologie.
16. Vinaigrier et Moutardier.
19. Météorologie.
20. Anatomie.
21. Zoologie.

Nous prions les lecteurs de voir aussi la série H, n°s 6 et 7, *Chimie inorganique* et *Chimie organique* de M. Pouriau.

SÉRIE C.

ART DE L'INGÉNIEUR, PONTS & CHAUSSÉES, CONSTRUCTIONS CIVILES.

1. Le **Géomètre arpenteur,** comprenant l'arpentage, le nivellement, la levée des plans, le partage des propriétés agricoles ; suivi de l'exposition du *système métrique*, avec son application à la mesure des surfaces et des corps, par M. P.-G. GUY, ancien élève de l'École polytechnique, officier d'artillerie. 2e édition, revue, corrigée et augmentée. 1 vol., 376 pages et 5 planches, contenant 231 figures.   3 fr. 50

M. Guy a laissé de côté les travaux qui nécessitent de trop vastes connaissances géométriques et trigonométriques, et il s'est efforcé de recueillir dans ce volume, facile à transporter dans les champs, tout ce qui, s'appuyant sur un petit nombre de vérités géométriques évidentes, peut rendre un propriétaire capable de connaître et de vérifier la contenance d'un terrain, et d'en construire lui-même un plan exact. Ce guide pratique n'en est cependant pas moins un traité complet d'arpentage, car chaque division de l'ouvrage est précédé de définitions et de notions qui contiennent les vérités géométriques sur lesquelles les opérations sont fondées.

2. Guide pratique du **Conducteur** des **ponts et chaussées** et de l'**Agent voyer.** Principes de l'art de l'ingénieur, par M. F. BIROT, ingénieur civil, ancien conducteur des ponts et chaussées. 3e édition, revue et augmentée.

Première partie : Plans et nivellements, 1 vol., viii-124 pages et 6 planches.   2 fr.
Deuxième partie : Routes et chemins. 1 vol., 155 pages et 6 planches.   2 fr.
Troisième partie : Ponts et ponceaux. (*Sous presse.*)
Quatrième partie : Travaux de construction en général. (*Id.*)

Chaque partie se vend séparément.

Un premier ouvrage de M. Birot, qui avait pour titre *Routes et ponts,* s'est épuisé avec une très-grande rapidité, et est demandé tous les jours. — La série de ces 4 volumes que publie la bibliothèque Lacroix, représente la nouvelle édition complétement refondue et augmentée de cet excellent ouvrage.

10. Guide pratique du **Constructeur.** — **Maçonnerie,** par A. DEMANET, lieutenant-colonel honoraire du génie, membre de l'Académie royale de Belgique, etc. 1 vol., 252 pages, avec tableau et 1 atlas in-18 de 20 planches doubles, gravées sur acier, par CHAUMONT.   5 fr.

Ce guide, écrit par M. Demanet, qui a professé un cours de construction à l'Ecole militaire de Bruxelles, emprunte une grande autorité à l'expérience et à la position de l'auteur.

Les 20 planches de l'atlas qui accompagnent ce guide comprennent 137 figures que Chaumont a gravées avec cette exactitude et cette élégance qui ont fondé sa réputation.

Nous rappellerons que M. le lieutenant-colonel Demanet est auteur d'un *Cours de construction* qui a eu très-rapidement deux éditions et qui embrasse la connaissance des matériaux et leur emploi, la théorie des constructions, l'établissement des fondations, l'économie des travaux, leur entretien, etc., etc. Cet ouvrage, édité par la Librairie scientifique, industrielle et agricole, coûte avec l'atlas 70 francs et ne pouvait par conséquent entrer dans le cadre de la *Bibliothèque des professions industrielles et agricoles.*

16. Nouvelles tables pour le tracé des **Courbes de raccordement** (chemins de fer, routes et chemins), calculées par M. CHAUVAC DE LA PLACE, chef de section aux chemins de fer de l'Est. 1 vol., 120 pages, 1 planche.   3 fr. 50

Ces tables, calculées pour 82 rayons les plus fréquemment employés, et prenant pour base un petit arc exprimé en nombre rond et s'ajoutant successivement à lui-même, offrent une grande facilité. Leur mérite a été promptement apprécié par tous ceux qui ont eu l'occasion de s'en servir.

17. Guide pratique pour le tracé des **Courbes sur le terrain,** par Eug. PERONNE.   2 fr.

18. **Construction des chemins de fer,** par M. J. MALE-VILLE. 1 vol. 119 pages, tableaux et 2 planches.   3 fr.

Cet ouvrage, très-abrégé, ainsi qu'on peut en juger par le nombre de pages qu'il compte, a résumé, condensé les principes essentiels utiles aux agents voyers : aussi a-t-il promptement été adopté par eux.

21. Traité de l'**Exploitation des chemins de fer.** *Première partie :* **Voyageurs et bagages,** par M. Victor EMION, précédé d'une préface par M. Jules FAVRE. 1 vol., XVI-305 p. 2 fr. 50

Deuxième partie : **Marchandises.** 1 vol., VII-459 p.   3 fr. 50

Aujourd'hui tout le monde voyage. Le manuel de M. V. Emion est donc le guide obligé de tout le monde. Il fait connaître à chacun ses droits et ses devoirs vis-à-vis des compagnies ; il prend le voyageur chez lui, il le mène à la gare, le suit à son départ, pendant sa route, à son arrivée, et le ramène à son domicile ; il prévoit toutes les difficultés, toutes les contestations et en donne la solution fondée sur la loi, les règlements, la jurisprudence et l'équité.

Dans la seconde partie, M. Emion traite avec beaucoup de détails l'organisation du service des marchandises, les tarifs, les formalités exigées pour la remise des marchandises en gare, l'expédition, la livraison, enfin tout ce qui concerne les actions à intenter aux Compagnies, soit pour avaries, soit pour retard, perte, négligence, etc.

27. **Notions générales sur les Chemins de fer,** statistique, histoire, exploitation, accidents, organisation des compagnies, administration, tarifs, service médical, institutions de

prévoyance, construction de la voie, voitures, machines fixes, locomotives, nouveaux systèmes ; suivi des Biographies de Cugnot, Seguin et George Stephenson, d'un Mémoire sur les avantages respectifs des différentes voies de communication, d'un Mémoire sur les chemins de fer considérés comme moyens de défense d'un pays, et d'une bibliographie raisonnée ; par M. Auguste PERDONNET; ancien élève de l'Ecole polytechnique, ancien ingénieur en chef de plusieurs chemins de fer, directeur de l'Ecole centrale des arts et manufactures, président honoraire de la Société des ingénieurs civils, président de l'Association polytechnique, etc. 1 vol., 452 pages, avec de nombreuses figures dans le texte.   5 fr.

Après avoir publié deux ouvrages techniques sur les chemins de fer, qui s'adressaient directement aux hommes spéciaux, M. A. Perdonnet a voulu dans ses *Notions générales* se rendre intelligible pour tout le monde. Outre les questions techniques et économiques, il traite dans ces *Notions* des questions d'organisation des compagnies et d'exploitation dont il n'avait pas à parler dans ses deux grands ouvrages. Nous signalerons l'importance des renseignements historiques et statistiques dont il a enrichi notre publication.

Sous presse.

20. Études et notions pratiques sur les **Constructions à la mer**, par M. Bouniceau, 1 vol. d'environ 500 pages, accompagné d'un atlas d'environ 50 planches doubles, gravées par EHRARD.

En préparation.

3. Métreur vérificateur.
4. Fabrication des briques.
5. Architecte.
6. Tailleur de pierre.
7. Charpentier.
8. Construction des escaliers.
9. Fumisterie.
11. Chaufournier et plâtrier, ciments et mortiers.
12. Marbrier.
13. Peintre en bâtiment.
14. Construction en fer.
15. Architecture religieuse.

19. Dictionnaire du constructeur.
22. Routes et chemins de fer (exploitation de la voie).
23. Routes et chemins de fer (matériel fixe et roulant).
24. Tables de cubages pour les matériaux de toutes natures.
25. Tables pour les poids des matériaux de toutes natures.
26. Chauffage et ventilation.
28. Terrassier.
29. L'appareilleur.

SÉRIE D.

MINES ET MÉTALLURGIE, MINÉRALOGIE, GÉOLOGIE, HISTOIRE NATURELLE.

5. **Métallurgie**, ou Exposition détaillée des divers procédés employés pour obtenir les *métaux utiles*, précédé de l'essai et de la préparation des minerais, par MM. D... et L... 1 vol., 347 pages et 8 planches.   2 fr.

Cet ouvrage réunit, sous un petit volume, un corps d'instructions suffisant pour guider les personnes qui désirent connaître les principes de la métallurgie et ses applications journalières.

Les dessins qui accompagnent ce guide pratique sont d'une grande exactitude.

4. Guide pratique du métallurgiste. **Le Fer**, son histoire, ses propriétés et ses différents procédés de fabrication, par M. William FAIRBAIRN, ingénieur civil, membre de la Société royale de Londres, correspondant de l'Institut de France, etc., traduit de l'anglais avec l'approbation de l'auteur, et augmenté de notes et d'appendices, par M. Gustave MAURICE, ingénieur civil des mines, secrétaire de la rédaction du Bulletin de la Société d'encouragement. 1 vol., 331 pages et 68 figures dans le texte. 5 fr.

Le nom de M. Fairbairn fait autorité dans l'industrie du fer. Après avoir tracé l'histoire des progrès de la fabrication du fer, l'auteur donne les analyses des minerais et des combustibles dans leurs rapports avec les résultats des différents procédés de fabrication ; il saisit cette occasion de donner la description des fourneaux, machines, etc., employés dans la métallurgie du fer.

M. Maurice, l'élégant traducteur du livre de M. Fairbairn, a complété par des notes et des appendices tout ce que le texte original pouvait présenter de trop laconique ou de trop exclusivement rédigé en vue de la métallurgie anglaise. Parmi ces appendices on remarquera ceux concernant les procédés Bessemer, et sur la résistance des tubes à l'écrasement.

5. Emploi de l'acier, ses propriétés, par J.-B.-J. DESSOYE, ancien manufacturier, avec une introduction et des notes par Éd. GRATEAU, ingénieur civil des mines. 1 vol. de 303 p. 3 fr.

Ce livre constitue une véritable monographie de l'acier. M. Dessoye prend l'art de fabriquer l'acier à son origine et nous montre ses progrès. Il signale la nature et les propriétés natives de l'acier, en indique les différents modes d'élaboration et termine son guide par une étude sur l'emploi de l'acier dans les manipulations qu'on lui fait subir. Comme le fait remarquer M. Grateau dans sa savante introduction, ce livre s'adresse à tous ceux qui sont appelés à acheter et à consommer de l'acier d'une qualité quelconque sous toute forme, et il sera lu avec fruit par tous les praticiens.

Cet ouvrage est en quelque sorte complété par un volume de M. Landrin. Quoique nous ayons publié cet ouvrage en dehors de la Bibliothèque, nous devons le citer ici. Il forme 1 volume, format de la Bibliothèque, de 315 pages avec figures dans le texte. 5 fr.

11. Guide pratique de la **recherche**, de l'**extraction** et de la **fabrication** de l'**Aluminium** et des **Métaux alcalins**. Recherches techniques sur leurs propriétés, leurs procédés d'extraction et leurs usages, par MM. Charles et Alexandre TISSIER, chimistes-manufacturiers. 1 vol., 226 pages, 1 planche et figures dans le texte. 3 fr.

Les notions sur l'aluminium se trouvaient disséminées dans des recueils nombreux publiés en France et à l'étranger. Les auteurs de ce guide ont eu l'idée de faire de ces notions éparses un tout homogène dans lequel, après avoir retracé l'historique de la préparation des métaux alcalins, ils esquissent à grands traits l'histoire de la préparation de l'aluminium. Des chapitres spéciaux sont consacrés à la fabrication industrielle et aux propriétés physiques et chimiques du nouveau métal.

13. Guide pratique de l'**Alliage des métaux**, par M. A. Guettier. 1 vol., viii-342 pages. 3 fr.

Après avoir donné quelques explications préliminaires sur les propriétés physiques et chimiques des métaux et des alliages, l'auteur examine au point de vue des alliages entre eux les métaux spécialement industriels, c'est-à-dire d'un usage vulgaire très-répandu (cuivre, étain, zinc, plomb, fer, fonte, acier). Il donne ensuite quelques indications générales sur les métaux appartenant aux autres industries, mais n'occupant qu'une place secondaire (bismuth, antimoine, nickel, arsenic, mercure), et sur des métaux riches appartenant aux arts ou aux industries de luxe (or, argent, aluminium, platine); enfin, il envisage les métaux d'un usage industriel restreint, au point de vue possible de leur association avec les alliages présentant quelque intérêt dans les arts industriels.

14. L'Art du **Maître de forges**. Traité théorique et pratique de l'exploitation du fer et de ses applications aux différents agents de la mécanique et des arts, par M. Pelouze. 2 vol., ensemble 806 pages, et 10 planches. 5 fr.

Ce traité est toujours consulté avec fruit : c'est le résumé d'une longue expérience. L'art du maître de forges a fait des progrès notables depuis les dernières années, mais c'est toujours dans le livre substantiel de M. Pelouze qu'on va retrouver les notions théoriques et pratiques qui renfermaient en germe les améliorations qui se sont succédé.

15. **Minéralogie usuelle.** Exposition succincte et méthodique des minéraux, de leurs caractères, de leur composition chimique, de leurs gisements, de leurs applications aux arts et à l'économie, par M. Drapiez. 1 vol., 504 pages. 2 fr.

A la lucidité des définitions et à la simplicité de la méthode d'exposition, ce guide joint un autre mérite qui n'échappera pas aux hommes pratiques : il contient la description de 1,500 espèces minérales dont il analyse les caractères distinctifs, la forme régulière et la forme irrégulière, les propriétés particulières, les compositions chimiques et les synonymies, les gisements, les applications dans les arts, dans l'industrie, etc.

17. Traité des **Roches** simples et composées ou de la classification géognostique des Roches d'après leurs caractères minéralogiques et l'époque de leur apparition, par M. Marcel de Serres, professeur à la Faculté des sciences de Montpellier, conseiller honoraire à la Cour impériale de la même ville, officier de la Légion d'honneur. 1 vol., 288 pages. 3 fr.

Une analyse de la table des matières de ce traité sera la meilleure recommandation que nous puissions en faire. De la composition du globe; — de la classification minéralogique des roches composées; — des roches plutoniques, ou des roches cristallines; — des roches plutoniques composées à deux éléments dérivés des granites (six sous-familles); — roches plutoniques composées à trois éléments dont l'un est l'amphibole; — idem, dont l'un est le talc, la stéatite ou le chlorate; — idem, dont l'un est le pyroxène; — de quelques roches simples; — des divers degrés d'ancienneté des roches composées. — L'ouvrage est complété par divers tableaux et par les coupes idéales des terrains de gneiss de l'Ecosse.

19. **Pétrole** (le), ses gisements, son exploitation, son traitement industriel, ses produits dérivés, ses applications à l'éclairage et au chauffage, par MM. Emile Soulié et Hipp. Haudouin, an-

ciens élèves de l'Ecole des mines. 1 vol., 232 pages, avec figures dans le texte. 3 fr.

A l'étude chimique du pétrole naturel les auteurs ont joint l'étude industrielle qui a pour but d'indiquer les moyens d'appliquer les données de la science. Les fabricants trouveront dans ce livre des renseignements véritablement pratiques, non-seulement sur le traitement chimique en lui-même, mais aussi sur les appareils qui serviront à l'effectuer.

Sous presse.

18. **Asphaltes et bitumes,** par M. MALO.

En préparation.

1. Recherche et exploitation des mines métalliques.
2. Sondeur.
6. Le zinc.
7. Le cuivre.
8. Le plomb et l'étain.
9. L'argent.
10. L'or.
12. Essayeur.
16. Extraction de la tourbe.
20. Exploitation des houillères.

SÉRIE E.

MACHINES MOTRICES.

Sous presse.

1. Construction des machines et des **roues hydrauliques.**

En préparation.

2. Conduite, chauffage et entretien des machines fixes et locomobiles.
3. Construction des machines locomotives.
4. Des machines à vapeur marines.
5. Construction des moulins à vent.
6. Construction des engrenages.

SÉRIE F.

PROFESSIONS MILITAIRES ET MARITIMES.

4. Guide pratique de la fabrication des **Poudres et Salpêtres,** par M. le major STEERK, avec un appendice sur les feux d'artifice. 1 vol. d'environ 450 pages, avec de nombreuses figures dans le texte.

En préparation.

1. Topographie militaire.
2. Pontonnier.
3. Artificier et feux d'artifice.
5. Constructions navales.
6. Capitaine au long cours.
7. Maître au cabotage.
8. Topographie marine, le lever du plan d'une côte ou baie.
9. Instruments et calculs nautiques.

SÉRIE G.

ARTS, — PROFESSIONS INDUSTRIELLES.

1. Guide pratique de **Tissage**. *Première partie :* Exposé complet de la fabrication des tissus, par M. T. Bona, directeur de l'École de tissage et de dessin industriel de Verviers. 1 vol., 169 pages.   3 fr.

2. *Deuxième partie :* Composition des tissus. 1 v., 170 p.   3 fr.

Les deux parties réunies forment un traité complet de tissage. La première enseigne à *produire bien* et *économiquement*, la deuxième enseigne à *créer*, c'est-à-dire que M. Bona y a réuni avec ordre et clarté les connaissances que réclame la composition des nouveautés, aussi bien sous le rapport des tissus que sous le rapport des nuances et des dessins. Les deux atlas qui accompagnent ce guide pratique sont d'une grande élégance d'exécution.

3. **Fabrication des Tissus imprimés**, impression des **étoffes de soie**. Ouvrage accompagné de planches et enrichi de nombreux échantillons, par M. D. Kæppelin, chimiste, directeur de fabriques d'impression sur étoffes. Deuxième édition augmentée d'un appendice. 1 vol., 142 p., 1 pl. et nombreux échantillons.   10 fr.

M. Kæppelin, avec l'autorité qui s'attache à une longue expérience, décrit successivement toutes les opérations de l'impression proprement dite, en commençant par celles qui les précèdent (blanchiment et mordançage); puis viennent l'impression à la main, à la perrotine, au rouleau à l'aide de pierres lithographiques. Des chapitres spéciaux sont consacrés au fixage, au lavage, à l'apprêt, à la fabrication des foulards, aux différents genres de dérivés, etc.

4. Manuel de la **Literie**, par M. Jean de Laterrière, manufacturier. 1 vol., 180 pages, avec 14 planches.   2 fr.

Ce manuel contient : 1° la description analytique, le genre de fabrication et le mode de traitement des meubles et objets mobiliers usités dans la literie ; 2° une série d'observations pratiques sur la composition et l'installation des lits dans les hôpitaux.

Quelque aride que paraisse le sujet traité par M. de Laterrière, abstraction faite de son incontestable utilité, l'auteur a su le parsemer de réflexions humoristiques qui font du *Manuel de la Literie* une lecture attrayante.

5. Traité théorique et pratique de la recherche, du travail et de l'exploitation commerciale des **Matières résineuses** provenant du pin maritime, par M. E. Dromart, ingénieur civil à Bordeaux. 1 vol., viii-96 pages, 3 planches.   3 fr.

Après quelques mots sur le pin en général, M. Dromart donne les caractères chimiques de la gemme qui en découle, ainsi que ceux des essences de térébenthine et de la colophane qui en dérivent. Il compare les deux systèmes de gemmage usités dans les Landes et décrit tous les appareils nécessaires à la fabrication des produits résineux, avec les perfectionnements qu'on y a apportés. Le livre se termine par un aperçu de l'emploi des essences et des colophanes dans les principales industries.

8. **Fabrication des vernis**, par M. Henry Violette, ancien

élève de l'Ecole polytechnique, commissaire des poudres et salpêtres, membre de plusieurs sociétés savantes. 1 vol. avec de nombreuses figures dans le texte.   5 fr.

9. **Connaissance** et **Exploitation** des **Corps gras industriels**, contenant l'histoire des provenances, des modes d'extraction, des propriétés physiques et chimiques, du commerce des corps gras ; des altérations et des falsifications dont ils sont l'objet, et des moyens anciens et nouveaux de reconnaître ces sophistications, par M. Théodore Chateau, chimiste, ex-préparateur au Muséum d'histoire naturelle ; ouvrage à l'usage des chimistes, des pharmaciens, des parfumeurs, des fabricants d'huiles, etc., des épurateurs, des fondeurs de suif, des fabricants de savon, de bougie, de chandelle, d'huiles et de graisses pour machines, des entrepositaires de graines oléagineuses et de corps gras, etc. 2e édition, revue et augmentée. 1 volume, 386 pages ou tableaux, suivi d'un appendice nouveau.   4 fr.

M. Chateau, en publiant la première édition de cet ouvrage, avait eu pour but de donner aux chimistes et aux manufacturiers une histoire aussi complète que possible des corps gras industriels employés tant en France qu'à l'étranger, et considérés au point de vue de leur provenance, de leur extraction, de leur composition, de leurs propriétés physiques et chimiques, de leur commerce et de leurs altérations spontanées ou frauduleuses.

Dans la nouvelle édition publiée dans notre *Bibliothèque*, M. Chateau a ajouté à sa monographie des corps gras un appendice renfermant quelques corrections indispensables et d'importantes additions.

12. Trois sources d'économie de combustibles. Guide pratique du **Constructeur d'appareils économiques de chauffage** pour les combustibles solides et gazeux, traitant des générateurs à gaz fixes et locomobiles, de l'application de la chaleur concentrée et du calorique perdu aux chaudières à vapeur et aux fours de toute espèce, à l'usage des ingénieurs, architectes, fumistes, verriers, briquetiers ; des forges, fabriques de zinc, de porcelaine, de faïence, d'acier, de produits chimiques ; des raffineries de sucre, de sel, des industries métallurgiques et autres employant la chaleur ; par M. Pierre Flamm, manufacturier, auteur d'un ouvrage qui a pour titre *le Verrier au dix-neuvième siècle*. 157 pages et 4 planches.   3 fr.

M. Flamm a pris pour épigraphe de son livre *Non multa sed multum*. Jamais devise n'a été plus fidèlement respectée. Dans ce traité tout est substantiel, rien n'est inutile. Les constructeurs y trouveront des données pratiques et les grands industriels pourront, après l'avoir lu, se rendre compte des qualités que doivent posséder les appareils qu'ils font établir dans leurs usines ou dans leurs fabriques.

23. Guide pratique du **Bijoutier**. Application de l'harmonie des couleurs dans la juxtaposition des pierres précieuses, des émaux et de l'or de couleur, par M. L. Moreau, bijoutier et dessinateur. 1 vol., 108 pages, avec 2 planches.   1 fr.

Ce petit livre est une protestation hardie contre l'esprit de routine. L'au-

eur a réuni les données fournies par la science sur l'harmonie et le con-
traste des couleurs, et, comparant ces données aux observations faites dans
la pratique du métier, il a formé une théorie applicable à la bijouterie.

26. Guide pratique du **Joaillier**, ou Traité complet des pierres
précieuses, leur étude chimique et minéralogique, les moyens
de les reconnaître sûrement, leur valeur approximative et raisonnée, leur emploi, la description des plus extraordinaires et
des chefs-d'œuvre anciens et modernes auxquels elles ont
concouru, par M. Ch. BARBOT, ancien joaillier, inventeur du
procédé de décoloration du diamant brut, membre de plusieurs
Sociétés savantes. 1 vol., 567 pages, 3 planches renfermant
178 figures, représentant les diamants les plus célèbres de
l'Inde, du Brésil et de l'Europe, bruts et taillés, et les dimensions exactes des brillants et roses en rapport avec leur poids,
depuis un carat jusqu'à cent carats.   5 fr.

Écrit tout à la fois pour les praticiens et les gens du monde, ce guide donne,
par ordre alphabétique, la description de toutes les pierres précieuses en
en indiquant l'aspect, la couleur, la dureté, l'éclat, la pesanteur spécifique,
la composition chimique, la forme géométrique, le gisement, l'abondance
et la rareté, l'emploi et le prix.
Un article spécial a été consacré au diamant, la pierre de prédilection de
nos jours.

31. Guide pratique d'**Hydraulique** urbaine et agricole, ou
Traité complet de l'établissement des conduites d'eau pour
l'alimentation des villes, des bourgs, châteaux, fermes, usines, etc., comprenant les moyens de créer partout des sources
abondantes d'eau potable, par M. Jules LAFFINEUR, ingénieur
civil, etc. Ouvrage formant le complément du *Guide pratique
de l'Ingénieur agricole* (voir p. 27, n° 3). 2e tirage, augmenté
d'un supplément. 1 vol., 130 pages et 2 planches.   2 fr.

En publiant cet ouvrage, M. Laffineur a eu pour but de réunir en un fais-
ceau les principales données de la science hydraulique expérimentale. On y
trouvera réunis tous les renseignements, toutes les formules, toutes les applications pour la conduite des eaux.

33. Guide pratique ou l'Art de fabriquer la **Porcelaine** ; suivi
d'un Vocabulaire des mots techniques et d'un Traité de la
peinture et dorure sur porcelaine, par M. F. BASTENAIRE-
DAUDENART, ancien manufacturier, ex-propriétaire et directeur
de la manufacture de porcelaine à Fritte de Saint-Amand-les-
Eaux. 2 vol., 846 p., nombreuses fig. dans le texte.   10 fr.
Rare.

Il ne nous reste que fort peu d'exemplaires de cet ouvrage. Depuis sa
publication, il s'est fait peut-être des livres plus savants, mais aucun n'est plus
pratique.

35. **Fabrication du papier** et **du carton**, par M. A. PROU-
TEAUX, ingénieur civil, ancien élève de l'Ecole centrale des arts
et manufactures, directeur de la papeterie de Thiers (Puy-de-

Dôme). 1 vol., 273 p. et atlas de VII planches doubles gravées
sur acier avec leurs légendes en regard. 4 fr.

Après avoir énuméré et classé méthodiquement les diverses matières premières, l'auteur nous initie aux détails de la fabrication et nous décrit les nombreuses transformations que subit le chiffon avant de sortir de la cuve ou de la machine sous forme de papier. Il nous apprend à connaître et à distinguer les différentes espèces de papier, leurs formats, leurs poids, leurs dimensions, et décrit les diverses machines qui constituent le matériel d'une papeterie.

43. Guide pratique du **Parfumeur**, Dictionnaire raisonné des **Cosmétiques et Parfums**, contenant la description des substances employées en parfumerie, les altérations ou falsifications qui peuvent les dénaturer, etc., les formules de plus de 500 préparations cosmétiques, huiles parfumées, poudres dentifrices, épilatoires; eaux diverses, extraits, eaux distillées, essences, teintures, infusions, esprits aromatiques, vinaigres et savons de toilette, pastilles, crèmes, etc. Ouvrage entièrement nouveau présentant des considérations hygiéniques sur les préparations cosmétiques qui peuvent offrir des dangers dans leur emploi, par M. le docteur Adolphe-Benestor LUNEL, chimiste, membre des Académies impériales des sciences de Caen, Chambéry, etc., ancien professeur de chimie et d'histoire naturelle, etc. 1 vol., 215 pages. 5 fr.

44. Guide pratique de l'**Épicerie**, ou Dictionnaire des denrées indigènes et exotiques en usage dans l'économie domestique, comprenant : l'étude, la description des objets consommables; les moyens de constater leurs qualités, leur nature, leur valeur réelle; les procédés de préparation, d'amélioration et de conservation des denrées, etc., contenant en outre la fabrication des liqueurs, le collage des vins, etc.; enfin les procédés de fabrication d'une foule de produits que l'on peut ajouter au commerce de l'épicerie, par le docteur Benestor LUNEL, membre de plusieurs sociétés savantes. 1 vol. de 256 pages. 2 fr.

Nous n'avons rien à ajouter aux titres de ces deux ouvrages qui indiqueront leur utilité. Nous devons seulement constater que le docteur Lunel a consciencieusement rempli le cadre qu'il s'était tracé.

48. Guide pour l'essai et l'analyse des **Sucres** indigènes et exotiques, à l'usage des fabricants de sucre. Résultats de 200 analyses de sucres classés d'après leur nuance, par M. Émile MONIER, ingénieur chimiste, ancien élève de l'École centrale des arts et manufactures, membre de la Société de chimie de Paris. 1 vol. d'environ 95 pages, avec figures dans le texte et tableaux. 2 fr.

L'auteur, après avoir rappelé les propriétés générales des substances saccharifères, donne les méthodes les plus simples qui permettent de doser avec précision ces mêmes substances. Quelques notes sur l'altération et le rendement des sucres soumis au raffinage terminent le travail de M. Monier, dont M. Payen a fait un éloge mérité devant l'Académie des sciences.

50. Traité de la fabrication des **Liqueurs** françaises et étrangères sans distillation. 3ᵉ édition, augmentée de développements plus étendus, de nouvelles recettes pour la fabrication des liqueurs, du kirsch, du rhum, du bitter, la préparation et la bonification des eaux-de-vie et l'imitation de celles de Cognac, de différentes provenances, de la fabrication des sirops, etc., etc., par M. L.-F. Dubief, chimiste œnologue. 1 vol., 288 pages.   4 fr.

Ce traité est formulé en termes clairs et familiers ; la personne la moins expérimentée dans l'art du distillateur qui en lira attentivement les préceptes pourra sans autre guide devenir un bon fabricant après quelques essais.

60. **Essai et dosage des huiles** employées dans le commerce ou servant à l'alimentation, des savons et de la farine de blé ; manuel pratique à l'usage des commerçants et des manufacturiers, par Cyrille Cailletet, pharmacien de première classe, etc. 1 vol., 104 pages.   3 fr.

Ce guide décrit avec clarté des procédés nouveaux et pratiques pour découvrir la sophistication des huiles, pour l'analyse prompte des savons, et pour l'essai commercial de la farine de blé. Les procédés de M. Cailletet ont à leur tour subi la pierre de touche de l'expérience ; la Société industrielle de Mulhouse a couronné en 1857 et en 1859 le dosage des huiles mélangées et celui des savons. La Société des arts, sciences et belles-lettres de Paris a couronné en 1855 l'essai de la farine de blé.

En préparation.

6. Teinturier et préparation des matières tinctoriales.
7. Fabrication des couleurs.
10. L'Ouvrier mécanicien, ou Mécanique de l'atelier.
11. Le Forgeron et l'Ouvrier forgeron.
13. Menuisier.
14. Menuisier modeleur.
15. Ebéniste.
16. Tourneur en bois.
17. Sculpteur.
18. Tapissier, ameublement et décoration.
19. Serrurier.
20. Ajusteur et tourneur en métaux.
21. Fondeur et mouleur.
22. Ferblantier.
24. Marqueteur.
25. Chaudronnier.
27. Horloger-mécanicien.
28. Graveur.
29. Luthier.
30. Brocheur, relieur et cartonnier.
32. Vitrification et fabrication des glaces.
34. Faïencier.
36. Peinture sur verre et sur porcelaine.
37. Imprimeur-typographe.
38. Imprimeur-lithographe et en taille-douce.
39. Charbonnage, coke, tourbe.
40. Fabrication du gaz.
41. Huiles.
42. Bougies et chandelles.
45. Fabrication des savons.
46. Meunerie et Boulangerie.
47. Saunier.
49. Cuisinier.
51. Sommelier.
52. Pâtissier.

53. Distillation.
54. Fabrication des bières.
55. Pharmacien.
56. Fabrication du sucre.
57. Raffinage.
58. Chocolatier, confiseur, etc.
59. Pharmacien-droguiste.
61. Instruments de précision.
62. Préparation et filature du chanvre et du lin.
63. Blanchiment.
64. Féculier.
65. Blanchissage et buanderie.
66. Naturaliste préparateur.
67. Herboriste.
68. Conservation des bois.

SÉRIE H.

AGRICULTURE, JARDINAGE, HORTICULTURE, EAUX ET FORÊTS, — CULTURES INDUSTRIELLES, ANIMAUX DOMESTIQUES, APICULTURE, PISCICULTURE, ETC.

2. Guide pratique d'**Agriculture**. Traité élémentaire, par M. H. HERVÉ DE LAVAUR, propriétaire-agriculteur, membre de plusieurs Sociétés savantes. 1 vol., 236 pages.   2 fr.

3. **Ingénieur agricole** (L'), hydraulique, dessèchement, irrigations, etc. ; suivi d'un appendice, contenant les lois, décrets, règlements et instructions ministérielles qui régissent ces matières, par Jules LAFFINEUR, ingénieur civil et agronome, membre de plusieurs Sociétés savantes, etc. 1 vol., 266 pages et 3 planches.   3 fr.

Le *Guide pratique d'hydraulique* (p. 24, n° 31), du même auteur, s'adresse plus particulièrement aux habitants des villes, aux grands propriétaires, à ceux qui ont mission d'étudier ou d'établir des conduites d'eau. L'*Ingénieur agricole* s'occupe plus spécialement des travaux de la campagne. Les agriculteurs y trouveront des notions précises sur les travaux qu'il est de leur intérêt de faire exécuter, et des renseignements exacts sur leurs droits et leurs devoirs.

4. **Aménagement des animaux. Bergeries, porcheries**,etc., par Eugène GAYOT, membre de la Société impériale et centrale d'agriculture. 1 vol. de 209 pages avec figures dans le texte.   3 fr.

5. **Aménagement des animaux. Écuries et étables**, par le même. 1 vol., 208 p., avec 64 fig. dans le texte. 3 fr.

Aucun animal ne saurait être développé dans ses facultés natives, dans ses aptitudes propres, et produire activement dans le sens de ces dernières, si on ne le place dans les meilleures conditions d'alimentation, de logement, de multiplication. M. Gayot, avec l'autorité d'une longue expérience, a réuni dans ces deux volumes les conditions générales d'établissement et les dispositions particulières aux diverses espèces d'animaux.

6. Eléments des **Sciences physiques** appliquées à l'agriculture. 1° *Chimie inorganique*, suivie de l'étude des marnes,

des eaux et d'une méthode générale pour reconnaître la nature d'un des composés *minéraux* intéressant l'agriculture ou la médecine vétérinaire, par M. A.-F. POURIAU, docteur ès sciences, ancien élève de l'École centrale, etc. 1 vol., 512 p., avec de nombreuses figures dans le texte et tableaux.   6 fr.

7. 2° *Chimie organique*, comprenant l'étude des éléments constitutifs des végétaux et des animaux, des notions de physiologie végétale et animale, l'alimentation du bétail, la production du fumier, etc., par LE MÊME. 1 vol., 541 pages, avec de nombreuses figures dans le texte et tableaux.   6 fr.

On ne fait plus l'éloge des livres de M. Pouriau. M. Pouriau est professeur et sous-directeur à l'École impériale d'agriculture de Grignon ; l'élection l'a fait secrétaire général de la Société impériale d'agriculture de Lyon ; voilà quelques-uns des titres de l'homme ; quant à ses ouvrages, ils sont promptement devenus classiques, et ils sont en même temps consultés avec fruit par les gens du monde.

7 *bis*. Guide pratique de la construction, de l'emploi et de la conduite des **Machines agricoles** en général et des machines à vapeur en particulier, par M. Jules GAUDRY, ingénieur au chemin de fer de l'Est, etc. 1 vol., 100 pages.   1 fr.

8. **Drainage**, résultats d'observations et d'expériences pratiques faites par M. C.-E. KIELMANN, directeur de l'École agricole de Haasenfeld (Prusse), et publiées à l'usage des agriculteurs français, par C. HOMBOURG. 1 vol., 104 pages avec figures dans le texte.   1 fr.

La plupart des ouvrages publiés sur le drainage sont le résultat d'études théoriques que l'expérience n'a pas encore sanctionnées. M. Kielmann est entré dans une autre voie : il n'a eu recours à la théorie qu'autant que cela était nécessaire pour expliquer certains phénomènes. Comme il le dit dans sa préface : il voulait offrir à ceux qui commencent à s'occuper du drainage et même au simple paysan, un manuel tel que le lecteur pût dire, après l'avoir parcouru : C'est facile à comprendre, désormais je pourrai travailler. — Ce but, le succès du *Guide pratique du drainage* le prouve, a été largement atteint.

9. **Chimie agricole.** Leçons familières sur les notions de chimie élémentaire utiles au cultivateur, et sur les opérations chimiques les plus nécessaires à la pratique agricole, par M. N. BASSET, auteur de plusieurs ouvrages d'agriculture et de chimie appliquée. 1 vol., 356 pages avec figures dans le texte.   3 fr.

L'auteur, laissant de côté les grands mots et les formules scientifiques, a cherché, avant tout, à se rendre intelligible à tous. Dans une série de leçons familières, après avoir prouvé la nécessité de la chimie pour l'agriculture, il a successivement traité de l'analyse des sols, des amendements, de la composition des plantes, de celle des animaux, de quelques industries agricoles, etc. Des observations succinctes et des notions intéressantes sur divers sujets complètent cette *Chimie agricole*.

11. Guide pratique des **Conférences agricoles**, par M. Louis

Gossin, cultivateur, professeur d'agriculture dans l'Oise, etc.
1 vol., xii-112 pages.   1 fr.

17. Éducation lucrative des Lapins, ou Traité de la race
cuniculine, suivi de l'Art de mégisser leurs peaux et d'en
confectionner des fourrures, par M. Mariot-Didieux, vétérinaire en premier attaché aux remontes de l'armée, membre
de plusieurs sociétés savantes. 1 vol., 162 p.   2 fr.

L'industrie de l'éducation de la race cuniculine est créée et elle marche
vers le progrès. C'est dans le but de la voir se propager dans les campagnes
comme une des industries peut-être les plus propres à tarir les sources du
paupérisme et de la misère que l'auteur a publié cette nouvelle édition de
son *Guide pratique* en l'enrichissant d'un grand nombre de données nouvelles. En résumé l'auteur démontre qu'aucune viande ne peut être produite
à aussi bon marché que celle du lapin.

18. Éducation lucrative des Poules, ou Traité raisonné
de Gallinoculture, par le même. 1 vol., 444 pages. 3 fr. 50

L'éducation, la multiplication et l'amélioration des animaux qui peuplent
les basses-cours ont fait depuis une quinzaine d'années de notables progrès.
Répondant à un besoin de l'économie domestique, l'auteur de ce guide pratique a voulu faire un traité complet de gallinoculture dans lequel, après des
considérations historiques, anatomiques et physiologiques sur les poules, il
décrit les caractères physiques et moraux de quarante-deux races, apprend à
faire un choix parmi ces races si diverses, et indique les moyens de conservation et de multiplication des individus. Des chapitres spéciaux sont consacrés aux maladies, à la pharmacie gallinée, à la statistique des poules et des
œufs de la France, etc.

19. Éducation lucrative des Oies et des **Canards,** par
le même. 1 vol., 180 pages, avec de nombreuses figures dans
le texte.   1 fr. 50

Ces deux monographies sont à la fois utiles, instructives et amusantes.
L'auteur décrit les mœurs particulières de chaque espèce et indique le
genre de nourriture favorable à leur multiplication, et propre à donner des
bénéfices aux éleveurs. Toutes ces notions, parsemées de données historiques,
d'anecdotes, de réflexions philosophiques, offrent une lecture des plus at-
trayantes.

20. Guide pratique du Pisciculteur, par M. Pierre Carbonnier,
pisciculteur, fabricant d'appareils à éclosion, membre de la
section des poissons de la Société impériale d'acclimatation et
de plusieurs Sociétés savantes, etc. 1 vol., 200 pages, avec
nombreuses figures dans le texte.   2 fr.

Ce n'est pas comme un théoricien ou un savant systématique que M. Carbonnier se présente à ses lecteurs : ce sont les résultats pratiques qu'il a
obtenus dans la *piscifacture* construite et exploitée par lui à Champigny, qui
lui donnent le droit d'indiquer les méthodes et les systèmes qui ont le mieux
réussi, c'est-à-dire qui lui ont donné les résultats les plus profitables. Le
Traité de pisciculture est suivi d'une notice sur les poissons d'eau douce
qui vivent dans nos climats, leurs formes, leurs habitudes, enfin les particula-
rités relatives à la culture artificielle de chacun d'eux. Un appendice est consacré aux *aquariums* d'appartement.

21. Guide pratique du Chasseur médecin, ou Traité complet
sur les maladies du chien, par M. Francis Clater, vétérinaire

anglais; traduit de l'anglais sur la 27ᵉ édition. 3ᵉ édition française, corrigée et augmentée, par M. MARIOT-DIDIEUX, vétérinaire en premier attaché aux remontes de l'armée, etc. 1 vol., 189 pages.   2 fr.

La mention que ce livre a eu en Angleterre vingt-sept éditions dispense de tout commentaire. Le guide que nous avons placé dans notre Bibliothèque en est la troisième édition française. M. Mariot-Didieux, le savant vétérinaire, en acceptant la révision de cette édition, s'est attaché à supprimer dans le texte original des formules trop compliquées, à en simplifier d'autres et à en ajouter de nouvelles. Ainsi entièrement refondu, l'ouvrage est véritablement un traité complet sur les maladies du chien, traité auquel un chapitre sur l'art de mégisser les peaux pour en faire des tapis, sert de complément.

23. Guide pratique du **Vétérinaire** et du **Maréchal** pour le ferrage des chevaux et le traitement des pieds malades, par M. Joseph GOODWIN, médecin vétérinaire des écuries de Sa Majesté Britannique. Traduit de l'anglais. 1 vol., 244 pages et 3 planches.   2 fr.

La première édition anglaise de ce guide remonte déjà à quelques années, mais les conseils de M. Goodwin ont le mérite de ne pas vieillir, parce qu'ils reposent sur une connaissance approfondie du cheval et sur une longue expérience pratique. Nous n'hésitons pas à recommander cet ouvrage.

25. **Apiculture** (culture des abeilles), cours professé au jardin du Luxembourg par M. HAMET, apiphile, directeur de l'*Apiculteur* et des conférences agricoles du Jardin d'acclimation au bois de Boulogne, etc., etc. 1 vol., 328 pages et 106 figures dans le texte. 2ᵉ édit.; nouveau tirage.   3 fr.

Cet ouvrage est l'exposé des meilleures méthodes employées par les bons praticiens; l'on n'y trouvera donc ni système personnel, ni invention de ruche exclusivement préconisée par l'auteur. Voici les titres généraux de ce guide : Connaissance ou histoire naturelle des abeilles; produits recueillis par elles; leur architecture; travaux et soins intérieurs; essaimage; réunion des essaims; maladie et ennemis des abeilles; des ruches; leur confection; du rucher; travaux à exécuter pendant le cours de l'année; manipulation des produits des abeilles.

28. Manuel pratique de **Culture maraîchère**, par M. COURTOIS-GÉRARD, marchand grainier, horticulteur. 4ᵉ édition, augmentée d'un grand nombre de figures et de plusieurs articles nouveaux. Ouvrage couronné d'une médaille d'or par la Société impériale et centrale d'agriculture, d'une grande médaille de vermeil par la Société impériale et centrale d'horticulture. 1 vol., 396 pages et figures dans le texte.   3 fr. 50

Outre les récompenses honorifiques qui viennent d'être mentionnées, l'auteur de ce manuel a obtenu une attestation qui garantit la valeur de son travail aux yeux du public, en même temps qu'elle constate l'exactitude de ses recherches et l'utilité des notions renfermées dans son ouvrage. Cette attestation émane de vingt-cinq jardiniers-maraîchers de la ville de Paris qui, après avoir entendu la lecture du travail de M. Courtois-Gérard, déclarent qu'ils lui donnent toute leur approbation, comme étant conforme aux bonnes méthodes de culture en usage parmi eux, et autorisent l'auteur à le publier sous leur patronage.

Cette nouvelle édition a été augmentée d'un chapitre sur la culture des porte-graines et d'un vocabulaire maraîcher.

32. Guide pratique pour la **Culture des plantes fourragères**, par A. GOBIN, ancien élève de l'École impériale de Grand-Jouan, directeur de la colonie pénitentiaire du Val-d'Yeon (Cher). *Première partie* : Prairies naturelles, irrigations, pâturages, avec un appendice reproduisant les lois du 21 juin 1866 sur les associations agricoles. 1 vol., 284 pages, avec nombreuses figures. 3 fr.

33. Plantes fourragères, *deuxième partie*, par le même auteur : *Prairies artificielles, Plantes-racines.*

38. Culture de l'Olivier, son fruit et son huile, par M. Joseph REYNAUD (de Nîmes), négociant et manufacturier. 1 vol., 300 pages. 3 fr.

Ce livre est le fruit de trente-cinq années de durs travaux, de longues veilles, de nombreux voyages, de recherches patientes, de minutieuses expériences : aussi a-t-il été l'objet de nombreuses distinctions, et les procédés de M. J. Reynaud n'ont pas tardé à être pratiqués chez un grand nombre d'extracteurs d'huile.

40. Guide pratique du **Vigneron**, culture, vendange et vinification, par FLEURY-LACOSTE, président de la Société centrale d'agriculture du département de la Savoie, membre de plusieurs sociétés savantes, 1 vol., 144 pages. 2 fr.

41. Manuel pratique de **Jardinage**, contenant la manière de cultiver soi-même un jardin ou d'en diriger la culture, par M. COURTOIS-GÉRARD, marchand grainier, horticulteur. 6ᵉ édition. 1 vol., 396 pages et 1 planche. 3 fr. 50

Nous renvoyons à la note accompagnant le n° 28 (*Manuel de culture maraîchère*) pour les titres de M. Courtois-Gérard à la confiance publique. Dans le *Manuel du jardinier*, les jardiniers de profession trouveront des conseils, des détails nouveaux et des renseignements pratiques qu'ils peuvent ignorer ; le propriétaire et l'amateur de jardin y puiseront des instructions précises et claires, qui leur éviteront toute espèce de méprises et d'erreurs.

43. Guide pratique de la **Culture du coton**, par le docteur Adrien SICARD, secrétaire général de la Société d'horticulture et du comité d'aquiculture pratique de Marseille, etc. 1 vol., 148 pages, avec figures dans le texte. 2 fr.

45. Guide pratique du tracé et de l'ornementation des **Jardins d'agrément**, par M. T. BONA, ancien architecte, directeur de l'École de dessin industriel de Verviers. 1 vol., 234 pages. 3ᵉ édition, complétement refondue et ornée de 238 figures dans le texte. 2 fr. 50

Il existe quelques ouvrages spéciaux sur la composition et l'ornementation des jardins : malheureusement ils sont généralement d'un prix élevé, et puis la plupart des auteurs arborent des prétentions qui se traduisent par la classification qu'ils ont adoptée : ils ont, en fait de jardins, des genres *graves, terribles, mélancoliques, riants, lugubres*, etc.; M. Bona pense qu'il faut étudier le terrain dont on dispose et l'embellir par des créations conformes à sa situation.

46. Le Potager moderne. Traité de la **Culture des légumes**, par M. Gressent, professeur d'arboriculture à l'Institut agricole de Beauvais, etc. 1 vol., 487 p., 10 pl.　　6 fr.

47. Guide pratique de la **Taille du rosier**, sa culture, ses belles variétés, par Eugène Forney, professeur d'arboriculture à l'amphithéâtre de l'École de médecine, membre professeur de l'Association philotechnique, etc. 1 vol., 208 pages et figures dans le texte.　　2 fr.

Ce guide est le résumé des leçons faites par l'auteur sur la taille du rosier à l'amphithéâtre de l'École de médecine, suivi d'un traité sur la culture de ce bel arbrisseau. Cet ouvrage, comme le dit M. Forney, est une œuvre de bonne foi, c'est-à-dire la recherche autant que possible du bon, du vrai et du simple. Comme tout amateur qui n'a pas possédé, aux débuts de l'étude sur la taille, cette routine qui trop souvent tient lieu de savoir-faire, il lui a suffi de se rappeler les difficultés des commencements pour chercher à les aplanir aux personnes étrangères à l'arboriculture. C'est le fruit des efforts de M. Forney pour arriver à la vulgarisation des bons procédés de taille que nous offrons au public.

48. Acclimatation des animaux domestiques. Étude des animaux destinés à l'acclimatation, la naturalisation et la domestication : Animaux domestiques, méthodes de perfectionnement, mammifères, oiseaux, poissons, insectes, vers à soie ; précédée de Considérations générales sur les climats, de l'Exposé des diverses classifications d'histoire naturelle, etc., pouvant servir de *Guide au Jardin d'acclimatation ;* par M. le docteur B. Lunel, ancien professeur d'histoire naturelle, 1 vol., 188 pages, avec figures dans le texte.　　2 fr.

M. le docteur Lunel a résumé d'une manière concise dans ce guide les notions concernant l'acclimatation, disséminées dans un grand nombre d'ouvrages volumineux. Ce livre sera consulté avec fruit par toutes les personnes qu'intéresse la grande question de l'acclimatation.

49. Guide pratique d'**Entomologie agricole**, et petit traité de la destruction des insectes nuisibles, par M. H. Gobin. 1 vol., 279 pages, avec figures dans le texte.　　3 fr.

Ce traité d'une lecture attrayante, dissimule un grand fonds de science sous des apparences légères. Le volume se compose de lettres familières adressées à un nouveau propriétaire rural. Tous les insectes qui s'attaquent aux champs et à leurs produits et aux animaux y sont passés en revue, et ce qui est mieux encore, l'auteur a indiqué le moyen de se débarrasser de cette engeance envahissante. Le livre est terminé par des nomenclatures scientifiques avec les noms français.

52. Guide pratique de l'**Ostréiculteur** et procédés d'élevage et de multiplication des races marines comestibles, par M. Félix Fraiche, professeur de sciences mathématiques et naturelles. 1 vol., 175 p., avec figures dans le texte.　　3 fr.

Les chemins de fer et la navigation en diminuant les distances ont créé pour les races marines comestibles des débouchés qui leur avaient manqué jusqu'alors. De là et d'autres causes que M. Fraiche indique, l'appauvrissement des bancs d'huîtres. L'auteur, qui s'est inspiré des travaux de M. Coste, démontre que l'ostréiculture est une industrie facile à créer et à développer, et qui donne des résultats rémunérateurs à ceux qui savent l'exploiter.

53. Richesse de l'agriculture. — Guide pratique de la **Vidange agricole**, à l'usage des agronomes, propriétaires et fermiers. Description de moyens faciles, économiques, salubres et pratiques, de recueillir, de désinfecter et d'employer utilement en agriculture l'engrais humain, par M. J.-H. TOUCHET, chef de service à la Comp. Richer. 1 vol. de 88 p., avec fig.   1 fr.

Les pages de M. Touchet sont riches en enseignements : son guide, en ce qui concerne les vidanges et les différentes manières d'employer l'engrais humain, est le résumé des meilleures méthodes pratiquées actuellement. Les constructeurs, les entrepreneurs, les propriétaires, les fermiers y trouveront tous des indications utiles.

Par erreur ce volume porte sur la couverture le n° 52.

54. **L'Arboriculture fruitière.** Théorie et pratique, par M. GRESSENT, professeur d'arboriculture à l'Institut de Beauvais, etc. 3e édit. 1 vol., 611 p., 234 fig. explicatives.   6 fr.

Ouvrage approuvé et encouragé par S. Exc. le Ministre de l'Agriculture, etc.

55. Guide pratique d'**Analyse chimique** appliquée à l'agriculture. 1 vol., avec de nombreuses figures dans le texte, par M. A.-F. POURIAU, docteur ès sciences.

56. Guide pratique élémentaire de **Botanique** et Traité de **Physiologie végétale**, appliquée à la culture des plantes, par M. Léon LEROLLE, ancien élève de l'Ecole impériale d'agriculture du Grand-Jouan, membre de la Société d'horticulture de Marseille. 1 vol., viii-464 pages, avec 108 figures dans le texte.   5 fr.

En préparation.

SÉRIE I.

ÉCONOMIE DOMESTIQUE, COMPTABILITÉ, LÉGISLATION, MÉLANGES.

1. Guide pratique de la **fabrication des vins factices** et des boissons vineuses en général, ou Manière de fabriquer soi-même les vins, cidres, poirés, bières, hydromels, piquettes et toutes sortes de boissons vineuses, par des procédés faciles, économiques et des plus hygiéniques, par M. L.-F. Dubief, chimiste, auteur de plusieurs ouvrages qui ont mérité les honneurs de la réimpression en France et à l'étranger. 1 v., 72 pages. 1 fr. 50

L'auteur a publié ce petit ouvrage, non-seulement pour venir en aide aux personnes économes, mais encore, et plus, pour celles dont l'économie est une nécessité. Si elles suivent les prescriptions qui y sont indiquées, elles peuvent être assurées de bien fabriquer elles-mêmes et avec facilité toutes sortes de vins, bières, cidres, etc.

2. Guide pratique d'**Économie domestique**, publié sous forme de dictionnaire, contenant des notions d'une application journalière, chauffage, éclairage, blanchissage, dégraissage, préparation et conservation des substances alimentaires, boissons, liqueurs de toutes sortes, cosmétiques, soins hygiéniques, médecine, pharmacie, etc., etc., par M. le docteur B. Lunel, médecin-chimiste, etc. 1 vol., 227 pages. 1 fr.

L'économie domestique, longtemps dédaignée, est élevée aujourd'hui au rang de science. Le guide de M. le docteur Lunel, sous la forme commode de dictionnaire, constitue une véritable encyclopédie de cette science nouvelle.

2 *bis*. **Paris à vol d'oiseau**, par M. J. Maleville. 1 vol., xi-259 pages. 3 fr.

Ce livre, qui sort un peu du cadre ordinaire de notre Bibliothèque, est une étude humouristique sur l'histoire de Paris. On a dit dans le temps : « Rome est un musée, Londres est une fabrique, et Paris est une idée dans un cadre de pierre. » C'est ce cadre de pierre que l'auteur a voulu étudier.

3. Le **Mouvement** industriel et commercial en 1864-1865 (Chemins de fer. — Navigation intérieure. — Navigation maritime), par M. Amédée Sébillot, ingénieur, ancien élève de l'École centrale des arts et manufactures. 1 v., xvi-216 p. 2 fr.

M. Sébillot ne s'est pas contenté d'être l'historiographe du mouvement industriel de l'année : il indique les voies ouvertes à la grande industrie. Son livre abonde en conseils qui méritent d'être médités.

14. Guide pratique d'**Hygiène** et de **Médecine usuelle**, complété par le traitement du choléra épidémique, par le docteur B. Lunel, chimiste, membre des Académies impériales des sciences de Caen, etc., ancien médecin commissionné pour les épidémies, etc. 1 vol., 209 pages. 1 fr. 50

Ce livre ne s'adresse à aucune spécialité de lecteurs et convient à tout le monde. Il se subdivise en hygiène privée et en hygiène publique. Dans la première partie, l'auteur examine dans quelle mesure l'homme qui veut conserver sa santé doit, selon son âge, sa constitution et les circonstances dans lesquelles il se trouve, user des choses qui l'environnent et de ses propres facultés, soit pour ses besoins, soit pour ses plaisirs. Dans le second, il s'occupe de tout ce qui concerne la salubrité publique. Un chapitre spécial est consacré à la médecine des accidents.

16. Manuel pratique d'**Ethnographie**, ou Description des races humaines ; les différents peuples, leurs caractères naturels, leurs caractères sociaux ; divisions et subdivisions des différentes races humaines, par M. J. D'OMALIUS D'HALLOY. 5e édition, 1 vol., 127 pages, avec 1 planche coloriée.   3 fr.

Après avoir exposé les principes généraux de l'ethnographie, l'auteur décrit les races, rameaux, familles et peuples que l'on distingue dans le genre humain. Le *Manuel d'ethnographie* est terminé par des tableaux synoptiques présentant les diverses divisions, avec l'indication approximative de la force de chaque peuple et de la distribution des familles dans les cinq parties de la terre. Cet ouvrage est accompagné de nombreuses notes dans lesquelles l'auteur discute les diverses questions sur lesquelles il ne partage pas les opinions de la plupart des ethnographes.

17. Guide pratique de **Sténographie**, par M. Charles TONDEUR. 23e édition. 1 volume.   1 fr.

Ce n'est point un système nouveau que M. Tondeur a voulu introduire, c'est une méthode éclectique qui renferme en elle ce qu'il y a de plus simple et de plus heureux dans tous les autres systèmes. La sténographie de M. Tondeur est à sa *vingt-troisième* édition.

En préparation.

4. Comptabilité manufacturière
5. —   agricole.
6. Législation industrielle.
7. —   commerciale.
8. —   agricole.
9. Géographie commerciale.
10. Géographie industrielle.
11. Droit usuel.
12. Personnel des chemins de fer.
13. Créancier hypothécaire.
15. Économie industrielle.

18. Maires et adjoints.
19. Électricité médicale.
20. Pêcheur.
21. Conservation des substances alimentaires.
22. Chimie amusante.
23. Physique amusante.
24. Extinction des incendies, ou le Guide du sapeur-pompier. (Nouvelle édition complètement refondue.)
25. Choix d'une profession.

AUTRES PUBLICATIONS PÉRIODIQUES

DE LA

LIBRAIRIE LACROIX

Annales du génie civil et Recueil de mémoires sur les sciences pures et appliquées, les ponts et chaussées, les routes et chemins de fer, les constructions et la navigation maritime et fluviale, les mines, l'architecture, la métallurgie, la chimie, la physique, les arts mécaniques, l'économie industrielle, le **Génie rural**, revue descriptive de l'INDUSTRIE FRANÇAISE ET ÉTRANGÈRE; publiées par une réunion d'ingénieurs, d'architectes, de professeurs et d'anciens élèves de l'École centrale et des écoles d'arts et métiers, avec le concours de savants étrangers. Cette revue paraît mensuellement, depuis le 1er janvier 1862, en cahier de 4 à 5 feuilles de texte et 3 ou 4 planches. Chaque année forme un volume gr. in-8° de 8 à 900 pages, avec figures, et un atlas gr. in-8° de 40 à 45 planches doubles. Prix de l'abonnement pour toute la France et l'Algérie, 20 fr. par an; pour l'étranger, 25 fr.; les pays d'outremer, 30 fr.

La Science populaire, ou Revue du progrès des connaissances et de leur application aux arts et à l'industrie, par M.-J. RAMBOSSON (1865, 4e année); publication annuelle paraissant à la fin de chaque année sous la forme d'un fort volume gr. in-18 (format des volumes de la Bibliothèque), illustré de nombreuses gravures, ouvrage mis à la portée des gens du monde. Prix de l'année ou volume, 3 fr. 50 pour toute la France et l'Algérie; id., belle reliure anglaise, 4 fr.

La Science pittoresque, journal hebdomadaire illustré (11e année). — Prix de l'abonnement annuel, partant du 1er janvier : Paris, 5 fr.; départements et Algérie, 6 fr.; étranger, 9 fr.; prix du numéro, 10 centimes. — A. JEUNESSE, rédacteur en chef. Eugène LACROIX, directeur.

Paris. — Typographie HENNUYER ET FILS, rue du Boulevard, 7.

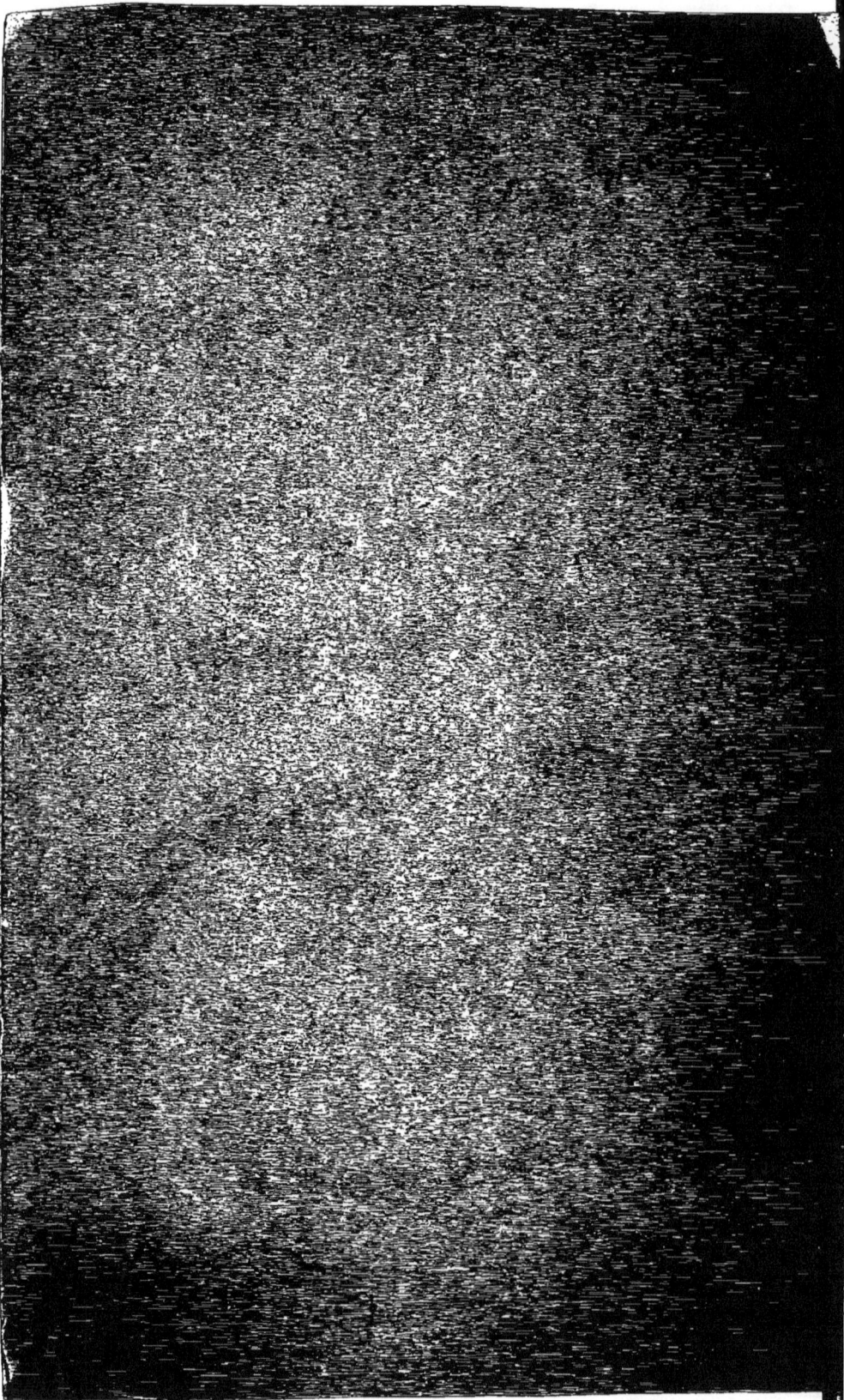

www.ingramcontent.com/pod-product-compliance
Lightning Source LLC
Chambersburg PA
CBHW072034090426

42733CB00032B/1643